OIKEUS USKOA

MARIA SALO

OIKEUS USKOA

Maria Salo

oikeus.uskoa@gmail.com

Kaikki oikeudet pidätetään.

ISBN 978-952-93-6794-8 (nid.)

ISBN 978-952-93-7083-2 (pdf.)

Raamatunlainauksissa on käytetty yleisen Kirkolliskokouksen 1933 (VT) tai 1938 (UT) hyväksymää tai Raamattu Kansalle 2012 käyttöön otettua suomennosta.

SISÄLLYSLUETTELO

JOHDANTO 8

LUKU 1. AJATUKSIA RAAMATUNTULKINNASTA 12

1.1. Yleiset raamatuntulkinnan säännöt Robert H. Steinin mukaan 12

1.1.1. HERMENEUEIN 12

1.1.2. Joitakin tulkinnan käsitteitä 13

1.2. Erityiset säännöt eri kirjallisuuden lajeille 13

1.2.1 Raamatunkertomusten tulkinnasta 15

1.2.2 Sääntöjen tulkinnasta 17

1.2.3 Runouden tulkinnasta 18

1.2.4 Psalmien tulkinnasta 19

1.2.5 Sananlaskujen tulkinnasta............................19

1.2.6 Profetioiden tulkinnasta.............................20

1.2.7 Vertausten tulkinnasta..............................21

1.2.8 Liioittelua ja ylipuhumista Raamatussa.....22

1.2.9 Epistolat ja kirjat..22

1.3. Raamattua voidaan soveltaa väärin..............28

1.4. Neljä ohjetta oikeaan soveltamiseen............29

LUKU 2. LESTADIOLAISSEUROISSA.........................34

LUKU 3. USKON SYNTYMINEN................................37

LUKU 4. KATUMUS..55

LUKU 5. KÄÄNTYMYS...81

LUKU 6. UUDESTISYNTYMINEN...............................95

LUKU 7. VANHURSKAUTTAMINEN........................104

LUKU 8. PYHITYS...116

LUKU 9. TAIZE-MESSUSSA JA MUUALLAKIN.........136

LÄHTEET

JOHDANTO

Aiheeni on sekä **raamatuntulkinta että pelastusoppi** eli se, miten Pyhä Henki johdattaa ihmistä Kristuksen yhteyteen. Room. 10:9 "Jos sinä suullasi tunnustat Jeesuksen Herraksi ja uskot sydämessäsi, että Jumala on Hänet kuolleista herättänyt, niin sinä pelastut." Syntimme on anteeksiannettu, Jumala tahtoo tehdä meistä **kokonaisen:** ruumis, henki, sielu. Vihollisen voima voitettiin totaalisesti Golgatalla.

Pelastusoppiin kuuluu vaikuttava Pyhän Hengen työ, kääntyminen, katumus ja parannus, uudestisyntyminen, vanhurskauttaminen, lapseksiottaminen, pyhitys, kirkastuminen. Ja evankeliumin kääntöpuoli: "Hän rankaisee niitä, jotka eivät tunne Jumalaa eivätkä ole kuuliaisia meidän Herramme Jeesuksen Kristuksen evankeliumille." 2 Tess.1:8.

Koska elämme ajassa, missä on rikas perintö kristillistä kirjallisuutta olemassa ja seurakunnalla kauan elettyä elämää ylilyönnit mukaanlukien, tulen lainaamaan ja viittaamaan runsaasti toisten kirjoituksiin Raamatun lisäksi.

"Typistettynä Raamatussa kysymys on pelastushistoriasta: luominen-syntiinlankeemus-Israel-Jeesus.

Kirjoitusten mukaan lupausten perillisiä olivat VT:n aikana juutalaiset, heillä oli Temppeli, Maa, Toora. Jeesus muutti kaiken. Israelin toivo, ylösnousemus, syntien anteeksiantamus toteutui Jeesuksessa, joka oli ristiinnaulittu."[1]

Kirjoitan alkuun melko laajastikin **raamatuntulkinnasta**. Raamattu on niin syvä kaivo, että meillä on apuna monien Pyhän Hengen valtuuttamien raamatuntutkijoiden ja maallikkojen työ. Uskollamme on kiinteä kohde eli Jumalan Sana. Lisäksi uskomme on yhteydessä historiallisiin tapahtumiin. Esimerkiksi Jeesuksen ylösnousemus oli historiallinen tapahtuma. Sama Jumala, joka on toiminut historiassa, tahtoo viestittää Sanansa kautta jotain meille tänä aikana. "Raamatuntulkitsija kulkee kuin nuorallatanssija. Hän kuljettaa mukanaan ennakkoluulojakin. Kuitenkaan emme usko vain mitä haluamme uskoa, vaan uskomme sen, mitä Pyhä Henki avaa."[2]

---

[1] N.T. Wright, *The New Testament and the People of God, 452*, (Great Britain:Fortress Press, 1992)
[2] Klein, Blomberg, Hubbard, *Introduction to Biblical Interpretation*

Teen eron liberaaliteologian ja Kristukseen uskovan, pelastushistoriallisen, teologian välillä. Aivan varmasti oikea kristillisyys ei ole opinkappaleita, vaan rakkautta. Arvostamani C.S. Lewis on kuitenkin lausunut, että **teologia on kuin kartta, mikä auttaa sinua löytämään perille.** Kartta ei vielä ole matka. Samoin, oikea Pyhän Hengen teologia auttaa meitä suunnistamaan hengellisessä elämässä; se ei kuitenkaan ole vielä omakohtainen kokemus Jumalasta, vaan auttaa meitä löytämään Jumalan. Jumala on käyttänyt teologeja välikappaleina Suomessa vaikuttaneissa herätysliikkeissä mm. Hedberg, Laestadius, Muroma. Tämä maininta vain siksi, että asiallinen Raamattuun perehtyminen ja vilpitön usko ei ole ollut pahasta.

Tekstini on kokolailla täynnä luetteloita. Tekstin rakenne tulee Global Universityn kirjasta *Expository Preaching*. Olen valinnut tällaisen tavan, koska muuten lopputulos voisi olla hajanainen. Nykyaikaisessa tieteellisessä tutkimuksessa käytetään useinkin vain uusia tietolähteitä. Jos teksti on muutaman vuotta vanha, se ei enää ole luotettava. Tämä johtuu tieteen olemuksesta, uusi tutkimus kumoaa vanhan. Raamatun maailmassa on toisin. Jumalan Sana on iankaikkinen. Siksi pidän arvossa vanhoja tekstejä. "Vanha tieto" voidaan käsittää *positiivisesti*, se on koettua ja vahvat juuret (*firmly rooted*) omaavaa tietoa, eikä *negatiivisesti* ajatella, että vanha tieto on aikansaelänyt (*outdated*) "Jumalaa ei löydetä systemaattisen teologian avulla, vaan rakentamalla suhde Persoonaan. Raamattu ei ole oppikirja." Näin on sanonut kiinalainen Watcman Nee.

LUKU 1. AJATUKSIA RAAMATUNTULKINNASTA

1.1 Yleiset raamatuntulkinnan säännöt Robert H. Steinin mukaan

1.1.1 *HERMENEUEIN*

kreik. merkitsee selittää ja tulkita. Kaikessa kommunikoinnissa on kolme tekijää välttämätöntä: kirjoittaja, teksti ja lukija. Uskomme, että Raamattu on kirjoitettu Pyhän Hengen johtamien kirjoittajien välityksellä ja että Pyhä Henki on säilyttänyt meille tekstit. (2 Piet. 1:21) Teksti elää omaa elämäänsä ja voidaan katsoa, että se voi määrittää merkityksen. Jos katsomme, että lukija määrittää merkityksen, silloin lukijalla on Pyhä Henki. Lukija tuo kuitenkin aina omat ennakkoluulonsa ja kirkon tradition lukiessaan. Meillä on kulttuurinen ja ajallinen etäisyys kirjoitettuun tekstiin. Raamatun tekstejä ei kirjoitettu tyhjiössä. Kirjoittaja ei tietänyt, missä olosuhteissa kirjoituksia luetaan, hän kirjoitti ne aikalaisilleen. Jos Raamattu ajatellaan aina tulkittavan kirjaimellisesti, päädymme mahdottomuuksiin. Tuskin Jumala tarkoitti meidän "vihaavan perhettämme" (Luuk. 14:26) tai "katkaisevan kättämme tai repäisevän silmäämme". Tulkinta yrittää löytää periaatteen ja tarkoituksen, mikä kirjoituksella oli aikalaisiinsa ja onko kirjoitus universaali ja normatiivinen ja koskettaa kaikkia ihmisiä kaikkina aikoina.

1.1.2 Joitakin tulkinnan käsitteitä

-Tekstin **tarkoitus** on periaate, minkä kirjoittaja tahtoi käyttämillään sanoilla välittää.

-Kirjoittaja voi olla tietoinen tai ei niistä **seurannaisvaikutuksista**, joita Raamatun periaate sisältää. Esimerkiksi Paavali ei tietänyt, että hänen suhtautumisensa vaikuttaa 2000-vuosituhannella siihen, miten määritellään seurakunnassa suhtautumista vaikkapa rommiin.

-Tekstin **merkitys** muodostuu henkilön asenteesta tekstin tarkoitukseen ja sen seurannaisvaikutuksiin. Tekstin tarkoitus kuuluu kirjoittajalle, merkitys lukijalle. Kirjoittajalla on ollut yksi tarkoitus; mitä se merkitsee lukijalle, riippuu tulkinnasta.

-Tekstin **asiasisältö** koostuu eri tekijöistä. Esim. Galatalaiskirjeessä selvitetään kreikkalaista kirjeenkirjoittamistyyliä, antiikin retoriikan lajia, Galatian maantieteellistä sijaintia, suhdetta Gal. 2: 1-10 ja Ap.t. 15:1-35 välillä, Galatian probleemia, sen kirjoittajaa ja kirjoittamisen ajankohtaa.

-Tekstin **ymmärtäminen** viittaa oikeaan kirjoittajan tarkoituksen oivaltamiseen.

-Tekstin **tulkinta** viittaa lukija sanalliseen tai kirjalliseen ilmaisuun siitä, miten kirjoittajan tarkoitus on ymmärretty.

Eksegeesin tarkoitus on ymmärtää kirjoittajan periaate ja tulkita ja ilmaista se muille.

-**Mielenilmaisut** ovat ajatuksia, joita kirjoittajalla on kirjoittaessaan tekstiä. Niillä nyt ei kai ole merkitystä.

-**Semanttinen lataus** merkitsee, että sanoilla voi olla eri merkityksiä.

-**Erityismerkitys** on sitä, että jokin teksti tarkoitta jotain sanan erityistä merkitystä.

-Jokainen Raamatun teksti on kirjoitettu jollain **genrellä eli lajilla**. Genre on kirjallisuuden laji, mitä kirjoittaja on käyttänyt ja tätä lajia vallitsee tietyt säännöt.

-**Konteksti** viittaa jaetta ympäröiviin jakeisiin, jotka antavat merkitykseen selitettävään tekstiin. Konteksti on kokoelma sanoja. Suuri hämmennys voi tulla, jos emme kiinnitä huomiota kontekstiin, eli siihen, missä tilanteessa teksti on ilmaistu.

1.2. Erityiset säännöt eri kirjallisuudenlajeille Raamatussa

Raamatussa on eri kirjallisuudenlajeja. On kertomukset, liitot ja lait, runous, psalmit. Sitten vielä on sananlaskuja, profetioita, idiomit, vertaukset, epistolat ja kirjeet. Raamatussa paljon hyperbolaa, liioittelua.

1.2.1 Raamatunkertomusten tulkinnasta

Ovatko raamatunkertomukset myyttejä vai historiaa. Voidaanko niistä perustaa oppeja ja luoda kestävää teologiaa, yleispäteviä universaaleja normeja?

Valistuksen aikaan 1700- ja 1800-luvulla nousi epäilys yliluonnollisen suhteen, vaikka oltiin siihen asti niinkauan kuin alkutekstejä oli ollut, pidetty tapahtumia historiassa tapahtuneina tositapahtumina. Allegoriaa tosin käytettiin tulkinnassa. Tänäkin päivänä on ns. jälkivalistuksen nimellä kulkevaa gnostilaisvaikutteista kulkevaa liberaalista raamatuntulkintaa. Rudolf Bultmann ja Heikki Räisänen mainittakoon tässä yhteydessä. Gnostilaisuus on 100-luvulla syntynyt aatevirtaus. Tulee sanasta gnosis, tieto. Se on synkretistinen liike, tieto sen mukaan pelastaa. Siinä on platonistisia aineksia. Gnostilaista ajattelua ollut sen syntymisestä alkaen ja on voimistunut viime aikoina Suomessakin.

Evankeliset uskovat pitävät raamatunkertomuksia tapahtuneina ja tosina, rationalisti ei usko niin. Myyttisen tulkinnan omaava pitää kertomuksia myytteinä, joissa raamatullinen idea on puettu historiallisen kertomuksen asuun. Raamatunkertomukset eivät ole myyttejä. Niissä ei ole myyttistä ainesta, hirviöitä ja paikkoja, jotka perustuvat fiktioon. Jotka väittävät kertomuksia myyteiksi, sekoittavat genren. Raamatunkertomuksissa on todellisia ihmisiä todellisia tapahtumia todellisissa paikoissa tiettynä ajankohtana. Se, että Raamatussa on meille paljon yliluonnollista niin kuin Jumala on yliluonnollinen, ei tee Raamatusta satukirjaa!

Evankeliumien kertomukset kertovat Jeesuksesta. Vanhaa Testamenttia on jokainen varmaan kuullut tulkittavan lähes, miten sylki suuhun tuo (ja itsekin olemme sortuneet siihen). Monet näkevät VT:n paljon Israelin kansan historiana. Sekin on turvallisempi ymmärtäminen kuin mielivaltainen allegoria. VT opettaa meille Jumalan luonteesta. Jumala ei muutu, kun tullaan Uuden Liiton aikakauteen, liiton luonne muuttui.

Kristinusko seisoo tai kaatuu sen mukaan, ovatko raamatunkertomukset tosia vai ei. Tai saatamme kutsua kristinuskoksi kyllä jotain omaa ajatusrakennelmaamme, mihin ei Pyhä Henki yhdy. Jos raamatunkertomus Kristuksen ylösnousemisesta ei ole totta, uskomme on hölynpölyä. Siksi tulee ihmetellä liberaaliteologisia raamatunopettajia, jotka eivät usko Raamattuun! Määrätyn raamatunkertomuksen merkitystä täytyy etsiä koko raamatunkirjan ja lähikontekstin teeman sisältä. Käyttihän Jeesus paljon myös vertauksia, mitkä eivät olleet tositapahtumia. Täytyy etsiä periaate ja merkitys kertomuksen takaa.

Pyhä Henki tulkitsee lukijalle kirjoituksia.

1.2.2 Sääntöjen tulkinnasta

Seuraavia näkökulmia tulee ottaa huomioon, kun tulkitaan lakeja ja liittoja.

1) Liitot perustuvat Jumalan armoon
2) Decalogue, kymmenen käskyä eivät ole osoitettu kansalle, mikä on liiton ulkopuolella! Ne on annettu Jumalan kansalle, mikä on vapautettu vankeudesta (Exodus 20:1). Jumalasuhde voidaan ylläpitää käskyjen avulla ja kokea Jumalan siunausta. Kuuliaisuus on pelastuksen seuraus VT:ssakin. Pappien suorittamat uhrit aikaansaivat sovituksen. (Tämä tulisi huomioida nykyisinkin. Ei lihan pyhitys auta, vaan uusi ihminen)
3) **Säädökset, jotka löydämme Exodus 20-Deuteronomy 33, muistuttavat sen ajan maallista lainsäädäntöä, antiikin Lähi-Idän lakeja, Hammurabin lakeja, Eshunna lakeja. Jeesus ei tullut kumoamaan lakeja, vaan täyttämään ne. On olemassa kulttilait, siviililait, eettiset lait VT:ssa. Eettiset lait pysyvät UT:ssa. Kun VT muuttuu UT:ksi, kultti- ja siviililait eivät sido. Teokraattista Israelia ei enää ole. Esim. ympärileikkaus, ruokasäädökset eivät sido.**

1.2.3 Runouden tulkinnasta

Runossa on riimi ja rytmi. Läpi Raamatun, myös proosan seassa, löytyy runoutta. Raamatullisessa runoudessa on tyypillistä parallelismi. (Ks Jes 5:7 ja 33:22) On *synonyyminen* parallelismi (Matt. 7:7-8). Siinä toinen ja muut rivit toistavat ensimmäisen rivin ajatusta. *Antiteettinen* parallelismi taas on yleisempi, siinä toinen rivi on ensimmäisen rivin vastakohta (Sananl. 15:9) *Portaittainen* parallelismi toimii niin, että toinen rivi nousee ensimmäistä riviä korkeammalle (Matt. 5:17). *Chiastinen* parallelismi toimii muodossa 'ABBA´ (Matt 23:12). Raamatunajan kuulijakunnalla ei ollut muistiinpanovälineitä tai tietokoneita, iPodeja. Runo jäi muistiinkin paremmin. **Jos tulkitsee runoa ikään kuin se olisi proosaa, voidaan ymmärtää teksti väärin.** Edelleen tulee etsiä kirjoittajan tarkoitusta, vaikka teksti on kuvannollista eikä tarkoiteta kirjaimellisesti sitä, mitä kirjoitetaan. Monet arvostavat Raamattua sen korkeatasoisen runouden ansiosta, vaikka eivät usko siihen.

1.2.4 Psalmien tulkinnasta

57:ssä psalmissa käytettiin musiikkia (mizmor hepr.) Daavid on kirjoittanut 73 psalmia, 12 Aasaf, 11 Korahin pojat, kaksi Salomo yhden Mooses. Psalmi voi olla runoutta, hymni tai valitusvirsi. Se voi olla kiitosvirsi, katumuspsalmi, viisauspsalmi, Jerusalemin temppeliin liittyvä psalmi. Täytyy huomata, että valitusvirret valittavat toivossa eli ne on tehty uskossa eikä epätoivossa. Kiitollisuus kohoaa liittosuhteesta!

1.2.5 Sananlaskujen tulkinnasta

Sananlaskujen kohdalla tulee kysymyksiä. Onko sananlasku tulkittava universaaliksi laiksi? Onko sananlasku kuten Meedopersian laki (Dan. 6:8), jota ei voi koskaan rikkoa? Onko se kuten luonnonlait, mitkä pätevät aina? Sananlasku 1:33 sanoo: "Mutta, joka minua kuulee, saa asua turvassa ja olla rauhassa onnettomuuden kauhuilta." Eikö kuitenkin monet kärsi? "Lapset (hepr. *ben* :poika, tarkoittanee tyttöä myös, koska mies ja nainen on yksi) ovat Herran lahja" pätee usein, jotkut jopa surmaavat vanhempansa . **Sananlaskut eivät ole lakeja. Ne eivät ole edes lupauksia. Ne ovat yleistyksiä ja terävää analyysiä elämästä ja ovat totta enemmistössä tapauksia.** Absoluuttinen totuus merkitsee, että jae on voimassa, uskommepa tai emme, kuten Kristuksen ylösnousemus on absoluuttinen totuus. Tietysti rukoilemme lastemme puolesta, että olisivat siunaukseksi. Jumala on jokaisen ihmiselämän luonut ja tarkoittanut. Ja Hänellä on hyvä tahto. Emme voi kuitenkaan sanoa, että jos lapsi surmaa pelastumattoman vanhempansa ennen kuin tämä on pelastunut, tämä olisi ollut lahja vanhemmalleen. Vaikka Jumalan paras tahto olisikin ollut niin. Absoluuttinen totuus on luonteeltaan sellainen, että se on voimassa riippumatta ihmisen jumalasuhteesta. Voimme hyväksyä, että Raamatussa on eri kirjallisuudenlajeja ja se antaa vankan pohjan rakentaa elämää. Tarvittaisiin raikasta raamatuntutkimusta. Sokea fundamentalisti ei kannata olla, viisas sellainen kyllä.

1.2.6 Profetioiden tulkinnasta

Monille profetiat ovat ennustamista. Usein se on kuitenkin julistamista. Raamatussa on kautta linjan profetiaa. Tuomiota puhuva profetia ei toteudu, jos ihmiset katuvat. Profetia käyttää paljon kosmista kuvakieltä. Tulkitako jakeet kirjaimellisesti? "Vuoret tasoitettakoon" (Luuk.3:5). Mitään fyysisiä sellaisia tapahtumia ei kuitenkaan liittynyt Johannes Kastajan palvelutehtävään. Ylpeistä tehtiin vain nöyriä. Raamatun lukijoina tarvitsemme Pyhän Hengen tulkitsemaan tekstejä. Useimmat VT:n profetiat ovat jo täyttyneet. On kuitenkin profetioita, mitkä odottavat täyttymystään. Profetiat ja apokalyptiset tekstit, Daniel ym., ovat kovasti inspiroineet tulkitsemaan niitä.

1.2.7 Vertausten tulkinnasta

Vertaukset ovat ehkä tunnetuin Raamatun kirjallisuuden muoto. Noin 35 % Jeesuksen opetuksesta on vertauksia. Kertomukset ovat fiktiota; kertomus itsessään ei kuvaa todellista tapahtumaa. Ei tule sekoittaa raamatunkertomusta ja vertausta toisiinsa. Raamatun kertomus on tosiasiassa tapahtunut tapahtuma oikeassa elämässä. Matt. 18:24 kertoo kymmenestätuhannesta anteeksiannetusta talentista, vuositulo oli vain n. 900 talenttia. Yleensäottaen Raamattu ei tarvitse tulkitsijaa sanomaan mitään sellaista, mitä sen kirjoittaja ei ole sanonut.

Vertausten tulkintaan on olemassa sääntöjä. **Sääntö 1:** Vertaus opettaa yleensä yhden asian. **Sääntö 2:** On löydettävä Jeesuksen merkitys. **Sääntö 3:** On löydettävä evankeliumin tekstin merkitys. Vertaus tulisi soveltaa omaan elämään. Se on kristinuskoa, eikä vain kertomusten ja vertausten toistaminen. Esimerkiksi vertaus laupiaasta samarialaisesta ei ole pelkästään sosiologinen, vaan myös teologinen, Jumalan käsky.

Jotta voisimme tehdä oikeita tulkintoja ja löytää kirjoittajan tahtoman merkityksen, meidän tulee tuntea kysymyksessä oleva kirjallisuudenlaji ja noudattaa sen sisältämiä sääntöjä niissä puitteissa, mitä kirjaimellinen ja historiallinen konteksti rajoittaa.

1.2.8 Liioittelua ja ylipuhumista Raamatussa

Raamattuhan sisältää paljon liioittelua. Runous, sananlaskut profetiat käyttävät sitä. Monien on vaikea myöntää ja ajatellaan sen olevan epäuskoa tai eksytystä. Hyperbola, liioittelu, on aivan hyvä tehokeino. Se voimistaa viestin. Joskus liioitellaan niin, että tapahtuma on mahdollista kyllä, vaikka nyt liioitellaan ja joskus liioitellaan niin, että puhutaan mahdottomia. Matt. 23:24 "Te sokeat taluttajat! Hyttysen te siivilöitte, mutta nielette kamelin!" tai "hirsi omassa silmässä". Luuk. 14:26 kehottaa vihaamaan vanhempiaan ja sehän on Raamatun logiikan vastaista. Meidän tulee löytää jakeiden tarkoitus kirjainten takaa. Markus 11:22-24 kehottaa rukoilemaan niin kuin "vuoret vajoaisivat mereen". Tämä on kuvakieltä, eikä vähennä Raamatun uskottavuutta. Niin fundamentalisti ei voi olla, ettei ymmärrä Raamatun käyttävän kuvakieltä, tehokeinoja ja eri kirjallisuudenlajeja. Liioittelua on löydettävissä tehokeinona sanalaskuissa, profetioissa, runoudessa ja idiomeissa.

1.2.9 Epistolat ja kirjeet

Hallitseva kirjallisuudenlaji UT:ssa on kirjeet. Sanat yksinään eivät luo merkitystä. Kirjeet oli kirjoitettu läsnä olevalle joukolle tai yksityisille *heidän* tilanteeseensa. Jos apostoli pyysi lähettämään viitan, ettei palelisi, se ei nyt ole yleispätevä sovellettava totuus kaikissa seurakunnissa kaikkina aikoina. ³

Miten tulkitsisin Raamattua

Raamattua lukiessamme tulkitsemme sitä aina. Olen syvästi tietoinen siitä, mitä ympäröivä maailma sanoo Jeesus-tiestä: Maailmassa ´ tuhat ´ uskontoa ja joku yksi usko väittää muka olevansa ainoa oikea Jumalan tie! Jeesus-tie on minulle: 1) Jumalan valtakunta on tullut 2) Jumala on Isä ja jokaisella yksilöllä on suunnaton arvo 3) Rakkauden käskyn ensisijainen merkitys.

Kirjassa esiintyvä tulkinta on protestanttisen linjan tulkintaa. Lähtökohtana minulla on ollut R.B. Zuckin (lähteenä kirja *A Basic Guide to Interpreting the Bible)* neljätoista kohtaa:

    1) Pyhä Henki ei anna uutta ilmestystä, mikä olisi samalla tasolla Raamatun kanssa.
    2) Hän ei takaa, että tulkintamme olisi erehtymätöntä.

---

³ Painotan sitä, että tekstini kohdasta 1) RAAMATUNTULKINNAN SÄÄNNÖT tähän kohtaan **Robert H. Stein** hänen kirjastaan *A Basic Guide to Interpreting the Bible* on antanut sisältöä tekstiini. Raamattu on helposti liian syvä kaivo ammennettavaksi ilman selitysteoksia ja oppaita. Se yksinkertaisesti jää hyllyyn ja lukematta ja se jos jokin on suurin virhe, mitä elämässään voi tehdä.

3) Hän ei anna yhdelle henkilölle uusia näkemyksiä, mitä kenelläkään muulla ei olisi.
4) Monet ei-kristityt voivat päätyä terveeseen raamatuntulkintaan, ilman Pyhää Henkeä, kuitenkin ilman, että Raamattu muuttaisi heidän elämäänsä.
5) Tulkitsijan hengellinen antautuminen on ratkaiseva tekijä prosessissa.
6) Raamatun ymmärtäminen ei ole Raamatun tutkijoiden yksinoikeus.
7) Hengellinen kypsymättömyys voi estää oikean tulkinnan.
8) Mikään ei korvaa ahkeraa opiskelua.
9) Pyhä Henki ei sulje pois sitä, mitä opiskelu auttaa.
10) Pyhä Henki ei viittaa kintaalla terveelle järjelle ja logiikalle. (ihmeet ja yliluonnolliset asiat ovat kyllä Jumalalle mahdollisia, Jumalan logiikkaa)
11) Hän ei normaalisti anna nopeita intuitiivisia välähdyksiä.
12) Pyhän Hengen rooli raamatuntulkinnassa on osa illuminaation (ymmärtämisen) prosessia
13) Pyhä Henki ei tee koko Raamattua yhtä selväksi.
14) Pyhä Henki ei takaa laajaa ymmärtämistä.[4]

Viisi ratkaisevaa tekijää Raamatun ymmärtämiseen ovat:

---

[4] R.B. Zuck, *The Role of the Holy Spirit in Hermeneutics"* kirjassa W.W. Klein, C.L. Blomberg, R.L. Hubbard, *Introduction to Biblical Interpretation, 504*, (Tennessee:Thomas Velson Inc. 2004)

1) pelastus
2) hengellinen kypsyys
3) ahkera opiskelu
4) terve järki ja logiikka
5) nöyrä riippuvuus Pyhästä Hengestä arvostelukyvyn saamiseksi[5]

Kirkon historia on ollut kahden tuhannen vuosisadan ajan aaltoliikettä liberaalin, gnostilaisvaikuttisen ja konservatiivisen, uskonhenkisen, tulkinnan välistä liikettä. Aina on ilmestynyt ihmisiä, jotka ovat kehottaneet palaamaan Raamattuun ja uskomaan Jumalaan ja löytämään henkilökohtainen kokemus Jumalasta. Toistan vielä, teologiaa on aina ollut monenlaista ja tulee olemaan.

Määrittelen vielä **joitakin perusasioita**, joita Kristuksen ruumiin jäsenyys merkitsee. Jokainen jäsen on riippuvainen muusta seurakunnasta sekä paikallisella tasolla, että maailmanlaajuisesti. (Tänä päivänä paljon ääniä, että ihmiset sanovat Jeesukselle kyllä, mutta seurakunnalle ei. Usein seurakunta on kykenemätön kasvamaan ja ottamaan uusia jäseniä, siksi tämä ongelma.) Pyhä Henki tahtoo johtaa meitä. On olemassa seurakuntatyötä ja työkaluja, missä paikallistetaan epäterveet kohdat seurakuntatyössä ja seurakunta lähtee kasvamaan. Myös rukouksen ja eksegeesin välillä tulisi olla tasapaino.

---

[5] W.W. Klein, C.L. Blomberg, R.L. Hubbard, *Introduction to Biblical Interpretation,* 504, (Tennessee: Thomas Velson Inc. 2004)

Raamattu muodostuu kahdesta hyvin erilaisesta testamentista, jotka on kirjoitettu kolmella kielellä, eri kulttuureissa ja suurella aikavälillä. Se koostuu runoudesta, lakikirjoista, historiasta, profetioista, evankeliumeista, kirjeistä ja apokalyptisistä kirjoituksista. Uskomme, että tässä on pohja kristilliselle uskollemme, emmekä lisää siihen mitään. Jumala tavoittaa kansansa eri aikakausina näiden kirjoitusten kautta. Luotamme, että Raamattu on ymmärrettävä Pyhän Hengen avulla. Se ei ole helpposelkoinen kuitenkaan. Kirkko ei etsi uutta ilmoitusta, kaanon eli 66 Raamatun kirjaa riittää. Kirkolliskokous päätti kaanonista v.397 jKr. Karthagon 3:nnessa kirkolliskokouksessa. Suurimpia voittoja ymmärtääkseni meille on ollut Kristuksen ylösnousemuksen jälkeen uskontunnustukset ja Karthagon kirkolliskokous, kristinusko olisi voinut jäädä joksikin juutalaisuuden vaatimattomaksi haaraksi ilman sitä. Katolisilla ja ortodokseilla on Apokryfiset kirjat kaanonissaan. 2 Piet. 1:21 mukaan Pyhä Henki on kirjoitusten alkuperä. Luen kristillisiksi kirkoiksi luterilaiset, baptistit, helluntailaiset, presbyteerit, katoliset, ortodoksit, anglikaanit, metodistit, kotikirkot, uskonliike, kaikki kirkot, jotka hyväksyneet kaanonin ja kristillisen uskontunnustuksen. Kenen nimi on elämänkirjassa, sehän on tärkeintä. Seurakunnassa pääsee lähelle Jumalaa. Ihmiset ovat vajavaisia seurakunnassa. Löytyy hyvää seurakuntatyötä. Jos tahtoo tulla uskoon, on hyvät mahdollisuudet siihen kun alkaa käydä seurakunnassa. Ja kristillinen mediatyöhän on tehokas tapa levittää evankeliumia.

Jos tahdomme miellyttää Jumalaa, tehdä Hänen tahtonsa, tarvitsemme **luotettavaa raamatuntulkintaa ja ymmärrystä oikeaan soveltamiseen**. Ja jatkuvaa Jumalalle antautumista, turvautumista armoon, riippuvuutta Pyhästä Hengestä.

Raamattu on elämänohjeita. Ei vain murha ja aviorikos ole epäraamatullinen teko, vaan juoruilu, ahneus, kateus, ylellisyys, materialismi ovat ulkopuolella Jumalan tahdon. Vaikka meillä ei ole yhtään alkuperäistä Raamatun tekstiä tallella, uskomme Pyhän Hengen säilyttävän kirjoitukset sellaisina loppuun asti, että niissä on pelastus. Pintapuolisesti ajatellen Raamattu käsitetään vain kokoelmaksi kieltoja ja käskyjä, niitäkin on, mutta ne ovat vain meidän suojaamiseksemme. Koko elämähän on syyn ja seurauksen vaihtelua. Jos istut kuumaan nuotioon, vaatteesi kai kärähtävät, et pärjää uimassa liian kovissa merivirroissa; miten Jumalan maailmassa ei toimisi sama lainalaisuus. Et hoida ihmissuhteitasi kuntoon, niin menetät ystäväsi jne. Mutta ennen kaikkea Raamattu on Jumalan puhetta, Hän tahtoo kommunikoida luotunsa kanssa, huolehtia hänestä. Hän on rakkaus ilman ehtoja ja samalla ankara. Ennen kaikkea ihmistä ei ole tarkoitettu elämään vieraana Luojalleen, vaan hänet kutsutaan elämään Vapahtajan yhteydessä tämän maailman karikoiden halki. Ja olemaan Jumalan rakkauden kanava. Edes vähän.

Kysymme, onko Raamatulla annettavaa nykyisessä tiedettä arvostavassa maailmassa. Kun löydämme työkaluja, jotka auttavat meitä ymmärtämään ja tulkitsemaan Raamattua oikein, voimme vastata myöntävästi. Vaikka uskomme Pyhän Hengen toimivan aktiivisesti, kaiken tulee kuitenkin perustua Jumalan Sanaan.

1.3. Raamattua voidaan soveltaa väärin.

> "Käytämme Raamattua saadaksemme tietoa ja ymmärrystä, palvoaksemme, kirkon liturgia on aina ammentanut aiheensa Raamatusta. Muodostamme teologian sieltä, saarnamme sieltä, opetuksemme sieltä. Kaikki seurakunnan tarvitsemat palvelutehtävät ammentavat lähteensä Raamatusta. Kristillinen elämänmalli löytyy kirjoitettuna Raamatussa.

> Sovellamme Raamattua. Mitä tämä jae merkitsee minulle nyt? Raamattua voidaan **soveltaa väärin**.

> 1) *Kontekstin hylkääminen kokonaan.*
>   "Peukalojakeet". Nuoren miehen piti valita armeijan ja opiskelun väliltä. Hän avasi peukalojakeena Hes. 27:25. Niinpä mies koki kutsun lähteä laivastoon. Ei voida irrottaa yhtä jaetta sen kontekstista.
> 2) *Historiallisen kontekstin hylkääminen osittain.* Fil. 4:13. Uskovat vetoavat tähän jakeeseen kaikenlaisissa tilanteissa huomaamatta, että

kontekstissa puhutaan tyytyväisyydestä taloudellisista olosuhteista riippumatta. Psalmi 127:3-5 on tavallinen vihkipuhe aviopareille. Tämä jae on kirjoitettu olosuhteissa, missä oli suuri lapsikuolleisuus ja tarvittiin sotilaita kaupungin porteille.

3) *Väärät olosuhteet.* Mitään raamatunjaetta ei voida huolimattomasti soveltaa. Paholainenhan yritti tehdä Jeesukselle näin. Matt. 4:5. Jeesus vastasi Jumalan Sanalla.

1.4. Neljä ohjetta oikeaan soveltamiseen:

1) *Määrittele jakeen tarkoittama sovellutus* (tänä päivänä ei himoita naapurin aasia tai härkää 2 Moos. 20:17)
2) *Ota huomioon kulttuurinen ja ajallinen etäisyys alkuperäiseen tilanteeseen, kirjoittamisen ajankohtaan* (esim. naisten rooli seurakunnassa, palmikoidut hiukset, pyhät kädet kohotettuina 1 Tim. 2:8-15)
3) *Jos alkuperäiset sovellutukset eivät ole muunnettavissa, etsi periaatteet, joita teksti heijastaa.* Identifioi kulttuurista riippumattomat periaatteet. Raamatusta voi etsiä osviittaa siihen, mitä tulisi ajatella ydinsodasta. Ks. esim. esim. *J. A. Wood, Perspective on War in the Bible* (Macon: Mercer)

a) Edustaako teksti *laajaa normatiivista* tai teologista tai moraalista periaatetta, vai antaako se erityisen vahvistuksen sellaisesta periaatteesta, minkä toinen Raamatun kirja vahvistaa? Yhdeksän kymmenesosaa Decaloguesta on sellainen (lukuun ottamatta Sapattikäskyä). Jeesus ja Paavali vahvistavat Decaloguen. Samoin on rakkauden kaksoiskäskyn laita. (Markus 12:29-31, 3 Moos. 19:18)

b) *Rajoittaako suurempi konteksti samassa kirjassa sovellutusta?* (Mitään jaetta ei tulisi tulkita irti kontekstista, vähintään ao. luku tulisi lukea. Toinen perusperiaate on, että Raamattu vahvistaa itsensä Raamatulla, eli jokin periaate ei ole pätevä, ellei se esiinny useissa jakeissa.) Esimerkiksi Joh. 21:18-19 "..kun vanhenet, sinut vyöttää toinen, ja vie sinut, minne et tahdo". Vaikkakin jokainen kristitty ei kuole marttyyrikuolemaa Pietarin tavoin, pitäisikö jokaisen uskovan olla valmis "kulkemaan, minne ei tahdo"? Saman luvun 20-23 kertoo, että Johannekselle Jeesus puhui toisenlaisesta tulevaisuudesta, joten 18-19 koskee vain Pietaria.

c) *Rajoittaako jokin muu ilmoitus jakeen sovellutusta*, vaikkakin kirja, missä jae on, ei tee sitä? Esimerkiksi Matt. 10: 9-10 Jeesus kieltää ottamasta mukaansa rahakukkaroa; Luuk. 22:36 Hän kuitenkin kehottaa toisin.

d) *Raamatunkohta ei näyttäisi olevan sovellutettavissa.* Näin esimerkiksi, kun Aabraham oli uhraamassa Iisakia. (1 Moos. 22) Myös Hoosea 1:2, kun Hoosea avioitui katumattoman prostituoidun kanssa.

e) *Ovatko kulttuuriset olosuhteet samat kuin tekstin kirjoittamisen aikaan?* 1 Kor. 11:2-16 eivät lähteeni mukaan ole normatiivisia eli yleispäteviä ohjeita. Juutalaisille naisille ilmeisesti ajeltu tukka merkitsi sitä, että he ovat avionrikkojia. Tai se saattoi merkitä, että he elivät lesbo-suhteessa. Tämän päivän kulttuurissa tukan ajelulla ei ehkä ole mitään signaalia.

f) *Onko jokin raamatullinen tapa vielä käytössä ja onko sillä sama sisältö?* Kysymys kymmenyksistä puhuttaa. 1 Tess. 5:26 puhuu pyhästä suunannosta. Tätä raamatunkohtaa sovelletaan eri tavoin. Alkoholinkäyttö, tatuoinnit, lihan syönti ovat kiistakysymyksiä.

g) *Onko sovellutus luomisjärjestyksen tulkintaa vai osana Jumalan pelastussuunnitelmaa?* Yksiavioisuus on Jumalan suunnitelma. Siten moniavioisuus tai avioero eivät ole koskaan Jumalan paras tahto.

4) *Löydä laajempi sovellutus.* . Esimerkiksi voimme pudistaa kädestä pyhän suunannon asemasta. Voimme perustaa ruokapankin sen sijaan että jättäisimme tähkät poimimatta. Suhtautuminen alkoholiin voi olla kielteinen juomahakuisessa kulttuurissamme. Monessa kulttuurien välisissä tilanteissa voimme joutua miettimään, mikä on oleellista.

Jumalan pelastussuunnitelmaa käsittelee Gal. 3:27-28. "Kaikki, jotka olette kastetut Kristukseen, olette pukeneet päällenne Kristuksen. Ei ole juutalaista eikä kreikkalaista, ei orjaa eikä vapaata, ei miestä eikä naista, vaan kaikki olette yksi Kristuksessa". Jeesuksen Kristuksen kirkko heijastaa vesikasteessa sukupuolten ja eri rotujen yhdenvertaisuutta ja julkista merkkiä siitä. Ennenhän vain juutalaiset miehet olivat ympärileikattuja ja etuoikeutettuja. Vesikaste ilmaisee ulkopuolisille ihmisen statuksen. (Näin, jos olet kerran kastettu, sinulla on jo kristityn status) (Tämän raamatunpaikan voidaan tulkita tarkoittavan myös kastamista Pyhällä Hengellä, uudestisyntymistä) Kaste ei vanhurskauta eikä hyödytä ketään, vaan sen tekee usko siihen lupauksen sanaan, johon kaste liittyy. usko vanhurskauttaa ja täyttää sen, mitä kaste merkitsee. (Jaakko Mäkeläinen, *Armon välähdyksiä Lutherin seurassa,* Uusi Tie, Helsinki)

Ennakkoluuloja raamatuntulkinnassamme

"Ennakkoluulot voidaan määritellä joukoksi olettamuksia ja asenteita, joita ihminen tuo tilanteeseen, jossa hän ymmärtää ja tulkitsee todellisuutta tai jotain näkökulmaa siitä."[6] Tässä yleispätevä määritelmä ennakkoluulolle. Niitähän kieltämättä on tarttunut matkaamme.

---

[6] D. S. Ferguson, Biblical Hermeneutics: An Introduction, 6 (Atlanta: John Knox, 1986)

LUKU 2 LESTADIOLAISSEUROISSA

Vieläkin voin tunnistaa sen tunnelman, mikä oli lapsuudessani lestadiolaisseuroissa; päällimmäinen tunne oli turvallisuudentunne. Oli voimakas virrenveisuu, turvalliset ja ystävälliset aikuiset, Jumalan Sanan saarna. Jäin miettimään, mitä hengellistä olisi jäänyt mieleeni varhaislapsuudesta; mieleeni tuli Väinö, joka asui kunnalliskodissa ja oli älynlahjoiltaan heikompi. Aikuiset ylistivät kuitenkin, kuinka Väinöllä oikeastaan kaikki, mikä on tärkeää; hän sanoi, että Jeesus on ristillä sovittanut hänen syntinsä! Miksi me teemmekin niin vaikeaselkoisen tästä uskonasiasta? Raamattu sanoo, että hullukaan ei siltä tieltä eksy; turvaamme vaan vahvalla uskolla Kristukseen ja olemme alamaiset tälle kuninkaalle. Siinä se on. Voimme täyttää hengellisillä kirjoilla ja hartaudenharjoituksella maailmamme, mutta jos elämässämme joku muu saa ykkössijan kuin Jeesus, eksymme.

Seurat venyivät kolmituntisiksi. Sunnuntai oli sitten samalla lasten karkkipäivä. Ja rukoushuoneen lähellä oli leikkipuisto karuselleineen, minne kirmattiin tuulettumaan tuontuostakin. Ja tärkeä oli kahvihetki seurojen jälkeen. Myöhemmin tuli sitten etsintäkausi, kun aloin lukea joka päivä Raamattua ja ihmettelin sitä vetovoimaa, mikä siinä oli. Erään ripittäytymistilanteen yhteydessä koin uskoontulon. Seuraavana päivänä näin ilmestyksen, jossa taivaan halki oli tähtikuvio – siinä luki tähdistä muodostuen KRISTUS ja osoitin näyssä sitä sisarelleni, katso! Valtava löytö kristityssä Suomessa löytää tie hyvään omantuntoon, rauhaan Jumalan kanssa, se on KRISTUKSEN sovintokuolema ristillä, Hänen ylösnousemuksensa, Hänen esirukouksensa Isän oikealla puolella! Ei oma ripittäytyminen, ei oma vanhurskaus! Gerhard Teerstegenin mukaan "Me tiedämme, ettemme omalla työllä saavuta tätä päämaalia, pelastusta Jumalan yhteydessä, vaan karkoitamme sen kauemmas luotamme. Se saavutetaan enemmän kadottamalla kuin etsimällä, enemmän irti päästämällä kuin kiinni pitämällä, sen tulee enemmän vetää meitä puoleensa kuin meidän siihen pyrkiä, jos tahdomme sen todella voittaa. Sillä se on sulaa armoa, kun Jumala ilmoittaa meille itsensä eikä luoduilla kappaleilla ole siinä vähintäkään ansiota." **USKO ENSIN!** Usko Jeesukseen Kristukseen, syntiesi sovitukseen. Tämä perustus tulee laskea ensin, sitten vasta voimme tehdä kristityn tekoja.

Se paras, mitä Jumala on antanut elämän aikana, on ollut juuri turvallisuus. Elämään on tullut tarkoitus. On oikeus uskoa ja luottaa Kolmiyhteiseen Jumalaan. Elämän vene on kyllä myrskyissä eikä vastarantaa näy, mutta en ole yksin. HÄN on. Usko on voimassa, kun fokuksessa on RISTI.

Jokaisella kirjan kirjoittaneella on oikeus kirjaansa eli tekijänoikeus. Siinä on kuitenkin poikkeus eli olen käyttänyt oikeutta ottaa sitaatteja toisten kirjoista. Kristinuskon alueella on paljon vanhaa raamatuntulkintaa, mikä on samalla aivan tuoretta. Muissa tieteen lajeissa kuin teologiassa käytetään aina mahdollisimman uusia tutkimuksen tuloksia. Raamatuntulkinnan ja tutkimuksen alueella ei ole näin.

Olen suorittanut teologian kandidaatin tutkinnon etäopiskeluna protestanttiseen Global Universityyn; lopputentit tehtiin valvotuissa olosuhteissa Suomessa ja ne lähetettiin USA:han.

Yrjö Müller kirjoittaa: "Uskon kasvamiseen tarvitaan koettelemuksia, vastuksia, vaikeuksia ja joskus tappioitakin."

Miles J. Standford puolestaan sanoo klassikoksi tulleessa Vihreässä Kirjassaan: "Ristin ottaminen ei merkitse minkään raskaan taakan, vastoinkäymisen, sairauden, epämiellyttävän tilanteen tai ihmissuhteen lujaluonteista kestämistä. Ristin kantamiseen saattaa liittyä sellaisia asioita – tai yhtä hyvin olla liittymättä – mutta ne eivät ole varsinainen risti. Uskovan risti on Golgatan risti, se risti, johon hänet on yhdessä Kristuksen kanssa naulittu (Gal. 2:20). Siellä kirjoitettiin ikuinen vapautuskirja Karitsan verellä, ja Jumalan Henki sinetöi sen. "

Charles M. Horne kirjoittaa kirjassaan *Salvation* (s. 108) eri pelastuskäsityksistä. Luterilainen ja arminialainen pelastusoppi painottaa ihmisen osuutta pelastusprosessissa; ihminen voi menettää pelastuksen, jos lakkaa uskomasta. Reformoitu pelastuskäsitys painottaa Jumalan osuutta. Se on Jumala, joka pelastaa, Hän antaa valituilleen uskon ja pitää heidät uskossa.

LUKU 3 USKON SYNTYMINEN

Maria Salo, BA in Bible and Theology,

1 Aihe: Vaikuttava Pyhä Henki alkaa kutsua ihmistä Kristuksen yhteyteen, tarve ja usko pelastukseen herää

2 Teema: Esimerkkejä periaatteesta pelastuksesta uskoen Kristukseen

3 Sanankohta: Room. 3:23-26

4 Väite: Jumala tekee aloitteen pelastaakseen meidät

5 Pääosa:

I Periaatteen Room. 3:23-26 "..lahjaksi vanhurskauden sen lunastuksen kautta, joka on Kristuksessa Jeesuksessa.." selitys

II Periaatteesta, että *pelastus uskoen Kristukseen*, on esimerkkinä Markus 8:34-38

III Periaatteesta, että *pelastus uskoen Kristukseen*, on esimerkkinä myös Matteus 10:38-39

6 Lopetus: Jumalan etsivän rakkauden ansiosta sinullekin on tie auki Jumalan tahdon mukaiseen elämään ja Jumalan suunnitelmaan elämässäsi ja iankaikkiseen elämään uskossa Kristukseen

1 AIHE: Vaikuttava Pyhä Henki alkaa kutsua ihmistä Kristuksen yhteyteen, tarve ja usko pelastukseen herää

Tämä luku on kirjoitettu selvittäen uskon käsitettä heti aluksi. Pyhä Henki alkaa työskennellä ihmisen kanssa etsien ihmistä Kristuksen yhteyteen uskossa ja pelastuksessa. Ihminen voi olla tässä tilanteessa seurakunnan jäsenenäkin jo tai sitten aivan ulkopuolella kristillisen maailman tietämättä edes Raamatun olemassaolosta ja koskaan kuulematta Kristuksesta. Luvussa "Uudestisyntyminen" kirjoitan tilanteesta, kun ihminen saa **asuvan** Pyhän Hengen **vaikuttavan** Pyhän Hengen sijaan, uskon vaikutuksesta ihminen uudestisyntyy. Usko on ihmisen hengessä. Esitän katumuksen ja kääntymyksen portaiksi uudestisyntymiseen, mutta Jumala toimii omalla tavallaan eri tilanteissa. Ihminen saattaa olla pelastunut ja katumus ja parannus tulee myöhemmin Pyhän Hengen vaikuttamana. Pääasia, että ihminen ei vastusta Pyhää Henkeä, vaan olisi yhteistyössä. Mikään teologia ei voi laittaa Jumalaa "laatikkoon" ja määritellä, miten Jumala toimii.

2 TEEMA: Esimerkkejä periaatteesta pelastuksesta uskoen Kristukseen

Tarve pelastukseen herää ja ihminen alkaa luottaa Jumalan Sanan lupauksiin pelastuksesta, usko on syntynyt.

Katumus ja usko tulevat ihmiselle samoihin aikoihin. Yhdessä ne johtavat anteeksiantamukseen. Markus 1:15 "Aika on täyttynyt, ja Jumalan valtakunta on tullut lähelle; tehkää parannus ja uskokaa evankeliumi."

Seuraavassa on mielenkiintoinen jaottelu uskon ja katumuksen suhteesta.

"KÄÄNTYMYKSESSÄ KATUMUKSEN JA USKON VERTAILU

MITÄ KATUMUS ON?

tieto:

1. ihmisen täytyy tietää kadotettu tilansa (Room. 3:20, Ps. 51:3)

tunteet:

2. ihmisellä täytyy olla särkynyt sydän (Jer. 31:19, Ps. 51:17).

tahto:

3. ihmisen tulee tahtoa kääntyä synnin teiltä (Ap.t. 26:18)

MITÄ USKO ON?

tieto:

1. ihmisen täytyy tietää jumalallinen ratkaisu synnin ongelmaan (Room. 10:13-17, Ps. 9:10)

tunteet:

2. ihminen täytyy tulla vedetyksi Kristuksen luokse sydämen asenteella (Joh. 4:43)

tahto:

3. ihmisen tulee tahtoa kääntyä Kristuksen luokse ja luottaa yksin Häneen pelastuakseen (Ap.t. 16:31)"[7]

3 SANANKOHTA: Room. 3:23-26 "Sillä kaikki ovat syntiä tehneet ja ovat Jumalan kirkkautta vailla ja saavat lahjaksi vanhurskauden Hänen armostaan sen lunastuksen kautta, joka on Kristuksessa Jeesuksessa, jonka Jumala on asettanut armoistuimeksi uskon kautta Hänen vereensä, osoittaaksensa vanhurskauttaan, koska Hän oli jättänyt rankaisematta ennen tehdyt synnit jumalallisessa kärsivällisyydessään, osoittaaksensa vanhurskauttaan nykyajassa, sitä, että Hän itse on vanhurskas ja vanhurskauttaa sen, jolla on usko Jeesukseen."

4 VÄITE: Jumala tekee aloitteen

Usko Kristukseen on pelastuksen tie. Seuraavassa yritän määritellä, mitä merkitsee pelastava "usko Kristukseen". Ihminen lankesi syntiin Eedenissä, yhteys Jumalaan katkesi.

---

[7] Charles M. Horne, s.59 *Salvation,* (Chicago:Moody Press, 1980)

Jumala antoi lupauksen Kristuksesta Mooseksen kirjassa. Jotta kaikki olisi taas hyvin, pelastushistoriassa voidaan katsoa tapahtuneen sitten seuraavaa. Jumala alkoi rakentaa Israelin kansaa erämaavaelluksella Egyptistä. Tästä kansasta olisi syntyvä Kristus. Kristus syntyi, ristiinnaulittiin, ylösnousi ja elää. Seurakunta perustettiin ensimmäisenä helluntaina. Seurakunnalla, sen yksilöuskovilla on Pyhä Henki ja mahdollisuus elämään Jumalan taas Jumalan yhteydessä. Tärkeä on, että ihminen ei lähde omavanhurskauden tielle ja ajattele, että minun täytyy ensin parantaa elämäni, voittaa synti ja sitten voin tullauskoon. Anna Jeesuksen muuttaa elämäsi.

5 PÄÄOSA:

I PERIAATTEEN "..LUNASTUKSEN KAUTTA, JOKA ON KRISTUKSESSA JEESUKSESSA, JONKA JUMALA ON ASETTANUT ARMOISTUIMEKSI USKON KAUTTA HÄNEN VEREENSÄ," SELITYS (Room. 3:24-25).

A) Avainsanojen selitys

Sana *pisteuo kreik.* usko, luottamus, belief, trust, faith. Uskoa on monenlaista. Pelastavassa uskossa ei ole kysymys vain totenapitävästä uskosta. Pelastava usko näkyy tekoina, valintoina. Apostoli Jaakob kirjoittaa, että voi olla ortodoksinen ilman, että on pelastettu. Pyhä Henki vaikuttaa hyvät teot, koska elämä on kätketty Kristukseen. Useimmat länsimaiset ihmiset uskovat historialliseen Jeesukseen, jopa muslimit, joille Hän on profeetta tosin. Pelastavasta uskosta on esimerkkinä kirkon historiassa suuria määriä tavallisia ihmisiä, jotka ovat kantaneet hedelmää, niin, että Jumalan valtakunta on levinnyt. Usko kantaa hedelmää. Usko yksin ei pelasta, mutta usko Kristukseen tekee sen.

B) Miksi ihmisen usko Kristukseen on periaate, joka ohjaa Jumalaa Hänen pelastustyössään?

Jumala yksinkertaisesti on suunnitellut pelastuksen näin. Huonoja olemme neuvomaan Kaikkivaltiasta, vaikka siihenkin joskus sorrumme. Meillä ei ole muuta vaihtoehtoa kuin hyväksyä Jumalan suunnitelma, mitä ihmiskunnan pelastukseen tulee. Siinä ei edes ole oikeudenmukaisuudesta, kohtuudesta, ihmisen yrityksistä kyse. Vaan armosta. Sarjamurhaaja ja raiskaaja saa armon, jos uskoo; siivosyntiset jäävät ulkopuolelle, jos eivät katso Kristukseen pelastuakseen.

Daniel B. Pecota kirjassaan *Soterology*, (Global University, Elam Publication) osoittaa uskon ensisijaisen tärkeyden koko kristillisessä elämässä. Hän kirjoittaa seuraavaa:

a) Kaiken sydämessä, mitä kristinusko on, on Jumalan aktiivisuus Jeesuksessa Kristuksessa. Raamattu tekee selväksi, että ihminen pelastuu uskosta. (Ap.t. 16:31) **Ihmisen usko**

määrittää hänen lopullisen kohtalonsa. Jopa ihmisen epäusko on uskoa.

b) Jumalan olemassaolo on uskonasia. (Heb.11:6)

Jumalan olemassaoloon on etsitty järjellisiä perusteita. **Kosmologinen** selitys perustelee sitä sillä, että kaikki, mikä on olemassa, on jostain peräisin. Luomakunnan suunnitelmallisuus viittaa siihen, että Jumala on olemassa, tämä on **teleologinen** peruste. **Ontologinen**, eli oppi olemassaolosta on itsessään selitys Jumalan siitä, että Jumala on. **Antropologinen** selitys sanoo, että Jumala on, koska yleensä uskotaan niin. Vain Jumala voi olla lakien lähde jokaisen sydämessä **moraalisen selityksen** mukaan. **Yhtäpitävyys**-teorian mukaan Jumalan olemassaoloon uskominen selittää olemassaolon mysteerit.

c) Emme voi miellyttää Jumalaa ilman uskoa.

d) Jumalaan uskominen tiedostaen, että Hän kuulee ja näkee kaiken, vaikuttaa syvästi kaikkeen, mitä ihminen tekee.

Valitaksemme uskon meillä tulee olla myönteinen asenne, suostumus uskomaan, riittävästi tietoa, luottamus siihen, mitä tiedämme. Ks. Ap.t.26:24-29. "Lisää meille uskoa", sanoivat jo Jeesuksen opetuslapset. 1 Tess. 3:10 kehottaa rukoilemaan. Pyhä Henki on uskon alkaja ja ylläpitäjä.

C) Miten tämä periaate toimii tässä raamatunkohdassa?

Siis Room. 3:23-26. Jo Martin Luther sanoi: *"Sola gratia, sola fide, solus Christus"*.

Jeesus syntyi juutalaiseen ympäristöön, jossa luettiin hartaasti Jumalan lakia. Hän oli Persoona, jossa toteutui kautta VT:n ajan toistamiseen odotettu messiaaninen toivo. Ilmestysmaja uhreineen ja seremonioineen oli esikuva Kristuksesta. "Katso, minä lasken Siioniin peruskiven, koetellun kiven, kalliin kulmakiven, lujasti perustetun; joka uskoo, se ei pakene." (Jes. 28:16). Jumala oli lähettänyt profeettojaan opettamaan ihmisiä ja ennustamaan Kristuksesta.

Meidän ei tulisi ajatella Kirjoituksia fariseusten tavalla vain kokoelmana lakia, vaan kutsuna rakastaa Jumalaa ja lähimmäistämme. Habakuk sanoi jo (2:4) "Vanhurskas on elävä uskosta."

Olemme kaikki samalla rimalla Jumalan edessä ja vain usko Kristukseen vanhurskauttaa meidät.

II PERIAATTEESTA, ETTÄ PELASTUS USKOEN KRISTUKSEEN, ON ESIMERKKINÄ MARKUS 8:34-35

A) Asiayhteys

"Ja Hän kutsui tykönsä kansan ynnä opetuslapsensa ja sanoi heille. 'Jos joku tahtoo Minun perässäni kulkea, kieltäköön itsensä ja ottakoon ristinsä ja seuratkoon Minua. Sillä, joka tahtoo pelastaa elämänsä, hän kadottaa sen, mutta joka kadottaa elämänsä minun ja evankeliumin tähden, hän pelastaa sen."

B) Raamatunkohdan selitystä

Tässä tuodaan julki juuri se, mitä pelastava usko, usko Kristukseen on, se on, Kristuksen seuraamista! Opetuslapsilla oli monenlaisia kuvitelmia, mitä suuruuksia heistä tulee Kristuksen seurassa. Samoin meillä on elämän pituinen opetuslapseuskoulu.

C) Sovellus

Tuomas Kempiläisen kirjasta "Kristuksen seuraamisesta" on peräisin seuraava teksti:

> "Miksi pelkäät ottaa ristiäsi, kun sen kautta kulkee tie taivaan valtakuntaan? Ristissä on autuus, ristissä on elämä, ristissä suojelus vihollista vastaan; ristissä on taivaallisen onnen vuodatus, ristissä on Hengen ilo; ristissä on korkein hyve ja pyhityksen täydellisyys. Ei ole sielun autuutta eikä iäisen elämän toivoa muualla kuin ristissä. Ota siis ristisi ja seuraa Jeesusta, niin saat mennä iäiseen autuuteen. Hän on itse kulkenut edellä kantaen ristiänsä, Hän on sinun tähtesi kuollut ristillä, jotta sinäkin kantaisit ristiäsi ja haluaisit kuolla ristillä. Sillä, jos Kristuksen kanssa kuolet, saat myös hänen kanssaan elää, ja jos olet osallisena kärsimisessä, saat myös olla osallinen kunniassa.
>
> Katso, kaikki keskittyy ristiin, ja kaikki yhtyy kuolemaan, eikä ole toista tietä elämään eikä tosi rauhaan kuin pyhän

ristin ja jokapäiväisen kuolettamisen tie. Mene, minne tahdot, etsi, mitä haluat, et löydä korkeampaa tietä ylhäällä etkä turvallisempaa tietä alhaalla kuin on pyhän ristin tie. Järjestä kaikki asiat mieltäsi myöten, et löydä muuta kuin että sinun täytyy aina jotakin kärsiä joko hyvällä tai pahalla, ja niin sinä aina löydät ristin. Joko sinun täytyy ruumiissasi tuntea kipua tai sielussasi tuntea ahdistusta.

Milloin tunnet itsesi Jumalan hylkäämäksi, milloin naapurien kiusaamaksi, milloin, ja tavallisimmin, olet itsellesi rasitukseksi, löytämättä mitään keinoa pelastukseksi tai lohdutusta huojennukseksi, vaan sinun täytyy kestää, niinkauan kuin Jumala hyväksi näkee. Sillä Jumala tahtoo, että sinä opit kärsimään ahdistusta ilman lohdutusta, jotta kokonaan alistuisit Hänen edessään ja ahdistuksen kautta tulisit entistä nöyremmäksi. Ei kukaan niin sydämestään tunne Kristuksen kärsimistä kuin se, joka on joutunut samanlaista kärsimään. Risti on sinulle sentähden aina valmistettu ja odottaa sinua kaikkialla. Et voi sitä välttää, minne paennetkin; sillä minne hyvänsä paennet, viet itsesi muassasi ja tapaat myös kaikkialla itsesi. Käänny ylös tai alas, mene ulos tai sisälle; kaikkialla olet löytävä ristin, ja välttämätöntä on, että kaikkialla säilytät kärsivällisyyden, jos tahdot omistaa sisällisen rauhan ja saavuttaa iankaikkisen seppeleen.

Jos mielelläsi kannat ristiäsi, niin sekin kantaa sinua ja johtaa toivottuun päämäärään, jossa on oleva kaikkien vaivojen loppu. Sillä täällä ne eivät lopu. Jos kannat sitä vastenmielisesti, teet itsellesi painavan kuorman ja raskautat vain itseäsi. Ja kuitenkin sinun on sitä kannettava. Jos heität luotasi yhden ristin, olet varmaan saava osaksesi toisen ja kenties raskaamman.

Luuletko voivasi välttää sitä, mistä ei yksikään kuolevainen ole päässyt? Kuka pyhistä on saanut olla ilman ristiä ja ahdistusta? Ei Herrallamme Kristuksellakaan ollut yhtään vaivatonta hetkeä, niin kauan kuin Hän eli. "Eikö Kristuksen pitänyt kärsiä ja sitten mennä kirkkauteensa" (Luuk. 24:26). Kuinka siis tahdot etsiä toista tietä kuin pyhän ristin kuninkaallista tietä?"[8]

"Armonjärjestyksemme näemme kulkevan kahden pyörän varassa, jotka ovat parannus ja usko. Ja koko jokapäiväinen parannuksemme on siinä, että tunnemme syntimme ja kadumme niitä pitämättä lukua synnintunnon ja katumuksen suuruudesta sekä että **yhtenään käännymme Kristuksen puoleen uskossa** antamatta katumuksen kuluttaa pois kurjuutemme tuottamaa tuskaa. emme odota mitään äkillistä ja ankaraa omantunnon vaivaa synnin tähden ja synninteon jälkeen, vaan tunnemme toisinaan suurta, toisinaan vähäistä murhetta, joka pakottaa meidät vapaaehtoisesti Kristuksen puhdistavan veren luo."[9]

On myös uskoa, jota voidaan pitää armolahjana, kun ihminen palvelee Jumalaa. Tämä on myös pelastusopin aluetta, pelastusta kirouksesta, Jumalan Henki toimii. Usko Kristukseen kantaa rikkaaseen elämään, onhan Jeesus tullut Sanansa

---

[8] Yrjö Karilas (Tuomas Kempiläinen), s. 202, Pelastuksen päivä, 1945, Mikkeli
[9] Yrjö Karilas (Jonas Lagus), s.206, Pelastuksen Päivä, 1945, Mikkeli

mukaan, että meillä olisi "elämä ja yltäkylläisyys". Kristuksen seuraaminen vie aikaansaamaan voittoja, Gal. 3:13 "Kristus on lunastanut meidät lain kirouksesta." Tällaisesta voittoisasta Kristus-yhteydestä eläneistä voisi mainita nyt yhden henkilön, Yrjö Müllerin (1805-1897). Hänen uskonelämänsä on rohkaissut monia. Hän osoittaa, miten saada usko toimimaan, miten voi vastaanottaa Jumalan lupaukset. Hän oli itse pelastunut ja rukoili Jumalalta tehtävää, miten palvella Jumalaa. Hän viitoittaa tietä siihen, miten siirtyä murheesta iloon, miten voi nähdä Jumalan muuttavan mahdottomuudet todellisuudeksi. Hän torjui elämässään saatanan aseen, masennuksen, hän oli osallisena Jumalan voimaan ja Jumalan ihmeisiin. Koska useat meistä kipuilemme uskon alueella, kirjoitan nyt vähän hänestä. Olemme kuulleet, että usko avaa taivaan resurssit uskovalle. Arjessa kuitenkin löydämme itsemme masennuksen pohjaltakin silloin tällöin! Jumala tuntuu vaikenevan, paha menestyy.

Hän sopii esimerkiksi uskon harjoittamisesta, missä turvataan yksin Jumalaan. Hän elätti orpoja ja varat tulivat Jumalalta ilman mitään kerjuupyyntöjä ihmisten puoleen. Siinähän tuli myös tarkistettua se, onko työ Jumalasta vai ei! Hän kirjoittaa:

"Vapauta rukouksen voima.

1) Lue huolellisesti Jumalan Sanaa.

2) Pyri säilyttämään oikeudenmukainen sydän ja hyvä omatunto.

3) Älä karta tilanteita, joissa uskoa koetellaan. **Luota yksin Jumalaan ja odota apua yksin Häneltä.**

4) Anna Jumalan toimia puolestasi silloin, kun sinua koetellaan, äläkä yritä selvitä omin avuin."[10]

Mainittakoon, että Müller luki Raamatun vuodessa 4 kertaa läpi viimeisinä vuosinaan.

III PERIAATTEESTA, ETTÄ USKOMALLA KRISTUKSEEN PYHÄN HENGEN JOHTAMANA PELASTUTAAN ON ESIMERKKINÄ MYÖS MARK. 4:37-40

A) Asiayhteys

"Ja nousi kova myrskytuuli, ja aallot syöksyivät venheeseen, niin että venhe jo täyttyi. Ja itse Hän oli peräkeulassa ja nukkui nojaten päänaluseen. Ja he herättivät Hänet ja sanoivat Hänelle: `Opettaja, etkö välitä siitä, että me hukumme?´ Ja herättyään Hän nuhteli tuulta ja sanoi järvelle: ´Vaikene, ole hiljaa´ Niin tuuli asettui, ja tuli aivan tyven. Ja Hän sanoi heille: ´Miksi olette niin pelkureita? Kuinka teillä ei ole uskoa?´

B) Raamatunkohdan selitystä

Jaan tässä irlantilaisen pastorin, Patrick O´Loughlinin Life Churchista, saarnan, selityksen 19.04.2015:

---

[10] Yrjö Müller, *Vapauta Rukouksen voima*, s.42, 2003, (Jyväskylä:Gummerus Kirjapaino Oy)

"MITÄ TEEN, KUN MYRSKY TULEE?

Usko kasvaa myrskyssä. Älä tuhlaa myrskyäsi! Mitä se tarkoittaa? Myrskyssä sinun uskollasi on mahdollisuus kasvaa.

1) Tuhlaamme myrskyn, jos emme kiitä Jumalaa siitä.

2) Tuhlaamme myrskyn, jos emme näe sitä Jumalan lahjana; suuri myrsky – suuri siunaus

3) Tuhlaamme myrskyn, jos emme salli myrskyn kasvattaa uskoamme

4) Tuhlaamme myrskyn, jos emme tunne Jeesusta enemmän myrskyn jälkeen

5) Tuhlaamme myrskyn, jos vaikenet myrskystäsi, se olisi ollut sinun todistuksesi

6) Tuhlaamme myrskyn, jos et ymmärrä, että siinä voi olla kuolemankin mahdollisuus, olisitko valmis kuolemaan?

Jumala ei ole niinkään kiinnostunut onnellisuudestamme, vaan siitä, olemmeko pyhiä. Saamme kasvua 1) saarnaviran kautta sekä 2) kulkemalla myrskyjen kautta.[11]

C) Sovellus

---

[11] Patrick O`Loughlin, saarna, Life Church, Portlaoise, Ireland, 19.04.2015

Uskon kautta saamme lapsioikeuden, pyhityksen, pysymme pelastuksessa.

"Ne, jotka uskovat, ovat Jumalalle otollisia: he kokevat läsnä olevan ystävyyden ja pelastavan armon, ja iloitsevat lopullisen vapautuksen ja kirkkauteen pääsyn varmasta toivosta. Mitä ihmissuku menetti Aadamissa, paljon enemmän on ennalleenasetettu Kristuksessa.

Kristuksen Henki, jonka Kristus antaa jokaiselle, joka on Hänen, vapauttaa uskovan, asettaa häneen varmuuden ja toivon, ja tekee hänet kykeneväksi elämään Jumalan lapsena. Tässä luottamuksessa, että Jumala toimii heidän hyväkseen, kristityt tietävät, että tulkoonpa mitä vain, kaikki on hyvin; sillä täydellisen lunastuksen päivä on tuleva, ja sillävälin mikään ei voi erottaa heitä Jumalan rakkaudesta. Paavalin käsitys uskosta on se, että se vaikuttaa syvästi uskovan jokapäiväiseen elämään. Kristittyjen tulisi antaa ruumiinsa eläväksi uhriksi tekemään Jumalan tahtoa, kuten he uudistuneina ymmärtävät. Kahteen Kristuksen suuntaan kristityt on kutsuttu elämään sosiaalisesti 1) kirkon, ruumiin jäseninä 2) valtion kansalaisina. Rakkauden tulisi olla hänelle johtoajatus kaikessa hänen tekemisessään ja hänen tulisi olla lisääntyvä motiivi elää kurinalaista elämää."[12]

Pelastumme uskolla Kristukseen. Jumala tulee sisälle ihmisen elämään uskon ovesta. Uskosta ei voi puhua puuttumatta rukoukseen. Kun elämässä on myrskyä, me saamme oppia siinä Jeesuksesta, ei myrskystä. Toistamiseen huomaa, miten katse menee olosuhteisiin, eikä huomaa kantaa asioita Kristukselle. Usko on käsi, joka ottaa vastaan Jumalan ohjauksen. Ja uskon rukous on se tie, mitä käytämme.

Rukouksessa on tärkeätä sen kestävyys. "Niinpä minäkin sanon teille: anokaa, niin teille annetaan; etsikää, niin te löydätte, kolkuttakaa, niin teille avataan. sillä jokainen anova saa, ja etsivä löytää, ja kolkuttavalle avataan. " Luuk. 11:9-10. Luettelen tässä Yrjö Müllerin mukaan kestävän rukouksen edellytykset:

1) Riipu kiinni Jeesuksessa

2) Hylkää synti

3) Harjoita uskoasi

4) Pyydä Hänen tahtonsa mukaisesti

---

[12] G.T. Manley, *The New Bible Handbook*, s.357, 1963 (England:Staples Printers Establishment)

5) Ole kestävä rukouksessa/ *Vapauta Rukouksen voima*, s. 92-93, 2003 (Jyväskylä:Gummerus Kirjapaino Oy)

Usko tulee Sanan kuulemisen ja lukemisen kautta. Ethän voi henkilöäkään paremmin tuntea, jos et ole kommunikoinut hänen kanssaan. Sanaa tulisi lukea järjestelmällisesti ja päivittäin.

Tänä päivänä kuulee opetustakin siitä, ettemme ole lain alla Sanan lukemisen suhteen. Itsekuri on eri asia. Ilman itsekuria ei ole kestävää hengellistä elämää. Samoin ei opeteta kestävyydestä rukouksessa, vaan nimitetään rukousvastauksia menestysteologiaksi. Jumala on siunauksen Jumala. Länsimainen hyvinvointi on hämärtänyt uskon näkökulmaa siinä, että ei olla jokapäiväisissä tarpeissa niin riippuvaisia Jumalasta. Jumala antaa auringon paistaa hyville ja pahoille, se on hänen yleistä armoaan. Jumala siunaa uskovaa, jotta olisimme siunauksen kanavia ja jo meidän itsemmekin tähden.

Tässä muutama sana kasteesta. Jos se käsitetään pelastusoppiin kuuluvaksi, ollaan kyllä hakotiellä. Kasteesta on tänäänkin monta mielipidettä. Suzette Hattingh yhtyy oppi-isääni L.L. Laestadiukseen, joka sanoo, että ei pidä riidellä asioista, mitkä eivät kuulu pelastukseen kirjoittaessaan kirjassaan *Elämäntapana rukous, s. 206* "...käymme esirukoukseen rukouskumppaninamme koko Kristuksen Ruumis, välittämättä opillisista mielipiteistä".

Vesi on ymmärretty symbolisesti. Se voi merkitä Charles M. Hornen mukaan

1) katumusta

2) luonnollista syntymää

3) kristillistä kastetta

4) Jumalan Sanaa (*Salvation,* 1980, Chigago:The Moody Bible Institute)

Jumalan Sana, Jeesus Kristus on pelastaja, ei vesi. Niilo Yli-Vainiokin sanoi, että jos vesi pelastaisi, hän kulkisi vesiletku kädessä. (Saarna.net/Yli-Vainio)

Törmäsin aivan upeaan selitykseen kasteesta. On ollut vaikea ymmärtää, mitä se merkitsee; on muuten suurimpia kiistakapuloitakin Kristusruumiissa! Jaakko Mäkeläinen on perehtynyt Lutherin teksteihin ja sieltä hän on ammentanut seuraavanlaista: "Kaste vaikuttaa syntien anteeksisaamisen ja iankaikkisen autuuden kaikille, jotka uskovat Jumalan Sanat ja lupaukset. Kaste ei vanhurskauta eikä hyödytä ketään, vaan sen tekee USKO siihen lupauksen sanaan, johon kaste liittyy.

Sillä usko vanhurskauttaa ja täyttää sen, mitä kaste merkitsee. Usko on vanhan ihmisen upottamista ja uuden nousemista."[13]

Usko on Jumalan uskoa meissä ja Pyhän Hengen vaikutusta. Meidän tulee olla alamaisia Pyhälle Hengelle niin, että Hän voi vaikuttaa uskon ja pitää meidät uskossa.

6 LOPETUS:

Tartu Jumalan Sanan lupauksiin pelastuaksesi.

Maria Salo, BA in Bible and Theology, BA in Public Law, 2014

LUKU 4 KATUMUS

1 Aihe: KATUMUS

2 Teema: Esimerkkejä periaatteesta kaikkien ihmisten kaikkialla on tehtävä parannus

3 Sanankohta: Ap.t. 17:30

4 Väite: Katuminen on välttämätöntä ja kristityn tuntomerkki

5 Pääosa:

---

[13] Jaakko Mäkeläinen, *Armon Välähdyksiä Lutherin seurassa, s.13* (Hämeenlinna:Karisto Oy, 2004)

I Periaatteen "Kaikkien ihmisten on kaikkialla tehtävä parannus"selitys

II Periaatteesta, että katumus on välttämätöntä, on esimerkkinä Paavalin kääntyminen (Ap.t. 9:1-28)

III Periaatteesta, että katumus on välttämätöntä, on esimerkkinä myös Daavidin katumus (Psalmi 51)

6 Lopetus: Tämäkin Jumalan Sanan totuus kantaa sinua ja rakentaa Kristus-suhdettasi

Tähän pelastusopin alueeseen Martin Lutherilla on paljon sanottavaa.

"Yleensäottaen Martin Lutherin huolellinen eksegeesi johti kristityn raamatuntulkinnan uusille poluille. Ensiksikin hän vahvisti vain Kirjoitukset olemaan ainoa jumalallinen auktoriteetti kristitylle. Kirkon traditiolla ja kirkon johtajille oli tullut tosiasiassa sama arvovalta kuin Raamatulla. *Sola scripture* (yksin Kirjoitukset) periaate laski perustan reformaatiolle. Lukija ei tarvitse kirkon auktoriteettien holhousta ymmärtääkseen Raamattua. Toiseksi koko Raamattu puhuu Kristuksesta. Lisäksi hän hylkäsi allegorisen tulkintametodin, koska se aiheuttaa tyhjää spekulaatiota. Kirjoituksilla on yksi merkitys."[14]

Latinan kielen *poenitentia* on monimerkityksinen. Se merkitsee parannusta, katumusta, synnintunnustusta, rippiä. *Illuminaatio* merkitsee Jumalan työtä ihmisen sydämessä. Se auttaa ihmistä ymmärtämään sanaa ja soveltamaan sitä. *Ordo salutis* armonjärjestys, merkitsee Pyhän Hengen työtä ihmisessä, kun Jumala saattaa ihmisen Kristuksen yhteyteen. Armonjärjestys pitää sisällään 1) Jumalan kutsun 2) katumuksen 3) uskon 4) kääntymisen 5) vanhurskauttamisen 6) adoption 7) pyhityksen 8) kirkastumisen. Mitä pelastusoppiin tulee, on olemassa kolme päälinjaa luterilainen, armenialainen ja reformoitu käsitys.

Koska kristinuskolla on juutalaiset juuret, tässä muutama sana juutalaisten pelastuskäsityksestä.

> "Sana 'pelastus' merkitsi ensimmäisen vuosisadan juutalaisille heidän jumalansa vapauttamista pakanasorrosta. Tämä olisi Israelin jumalan lahja koko kansalle. Yksilöjuutalaiset tulisivat löytämään oman pelastuksensa heidän jäsenyytensä kautta kuulumalla Israeliin; olemalla liitossa oli takuu 'pelastuksesta' tulevaisuudessa.

---

[14] E. Cameron, *The European Reformation,* 136-38. (Oxford: Oxford University Press, 1991).

Koko juutalainen maailmankatsomus, sen kertomukset, symboolit, käytännöt antavat kuvan siitä, mikä oli liittojäsenyys. Liittosuhteeseen tultiin juutalaisena syntymällä tai kääntymällä, se sinetöitiin miespuoliset ympärileikkaamalla. Jäsenyys osoitettiin, sitä ei ansaittu, Toora yritettiin noudattaa. Ne, jotka ovat olleet uskollisia liitossa, palkitaan; se ei merkitse sitä, että ´ne, jotka ovat pitäneet Tooran täydellisesti´, koska uhrisysteemi oli olemassa. Israelilaiset, jotka tiesivät olevansa syntisiä, säilyttivät jäsenyytensä liitossa uhrien takia."[15]

Kirjoitusten lupaukset kuuluivat Israelin kansalaisuuden, Temppelin, Tooran perusteella juutalaisille. Nyt Israelin toivo, ylösnousemus kuolleista, syntien anteeksiantamus, tulivat todeksi Jeesuksessa, joka oli ristiinnaulittu.[16]

Kirkkohistoriaa on tällä hetkellä paljon jo takana ja meillä on paljon kirjoituksia ja historiaa reformeista ja hurmahenkisyydestä, kirkolliskokouksista ja riidoista. Kirkon historiaa kirjoitetaan joka päivä kuitenkin hamaan Paruusiaan.

---

[15] N.T. Wright, *The New Testament and the People of God,* 334. (USA: Fortress Press, 1992)
[16] N.T. Wright, *the New Testament and the People of God, 452.* (USA:Fortress Press, 1992)

Luonnollisesti, kun puhutaan pelastuksesta ollaan saman kysymyksen edessä kuin muissakin Raamatun kysymyksissä eli, mitä Raamatun teksti pelastuksesta tarkoitti silloin, kun se kirjoitettiin ja mitä se tarkoittaa nyt meille, onko ohje normatiivinen. Yleensä kaikessa tutkimuksessa tahdotaan käyttää mahdollisimman uusia lähteitä. Jumalan Sanan suhteen ymmärtäisin asian olevan toisin. Vanhoissa kirjoituksissa on usein sama ikuinen totuus; siksi käytän mielelläni vanhoja lainauksia.

> "Luther ei tahtonut tehdä ripittäytymisestä ihmiselle lakia ja taakkaa. Sen piti olla vapaaehtoista, mutta se on kuitenkin kristityn tuntomerkki. Katumuksesta ei ole tehtävä Jumalalle tarjoamaamme tekoa, sillä kukaan ei kadu riittävästi eikä Jumalalle kukaan voi antaa, mitä olemme velkaa. Usko on avainasemassa. Ellemme usko Jumalan Sanaan ja lupaukseen, on syntien tunnustaminen turhaa touhua. Synninpäästön arvo ei liioin riipu sitä julistavan sielunhoitajan arvoasemasta. Hyvitysteoilla ei ole Jumalan edessä merkitystä. Avaimet on annettu kristityille, ja niillä on lohdutettava arkaa omaatuntoa."[17]

Jeesus puhui katumuksesta läpi palvelutehtävänsä.

---

[17] M. Luther, *Minä Tunnustin Syntini*, 9. (Porvoo: WSOY, 1966)

2 TEEMA: Esimerkkejä periaatteesta, että kaikkien ihmisten kaikkialla on tehtävä parannus

3 Sanankohta Ap. t. 17:30 "Noita tietämättömyyden aikoja Jumala on kärsinyt, mutta nyt Hän tekee selväksi, että kaikkien ihmisten kaikkialla on tehtävä parannus."

Seuraavassa on esimerkkejä siitä Jumalan Sanan periaatteesta, että *kaikkien ihmisten kaikkialla on tehtävä parannus*. Raamattu ilmoittaa periaatteita 66 kirjassaan, jotka koostuvat 1189 luvusta.

Paavali puhuu Areiopagilla Jumalasta, parannuksesta ja tuomiosta. Tuomio tehdään tulevaisuudessa ylösnousseen Kristuksen kautta.

Yksi Raamatun keskeisiä totuuksia on parannuksenteon välttämättömyys.

4 VÄITE: Kun katsomme esimerkkejä, tulemme vakuuttuneiksi, että katuminen ja parannuksenteko ovat välttämättömyys ja kristityn tuntomerkki.

5 PÄÄOSA:

I PERIAATTEEN "KAIKKIEN IHMISTEN KAIKKIALLA ON TEHTÄVÄ PARANNUS" SELITYS (AP.T. 17:30)

A) Sana *kaikki kreik. pantas* on jokainen eikä esimerkiksi joka toinen. Sana *kaikkialla kreik. pantaxu,* siis Suomessakin, on tehtävä parannus. Sana *katua, tehdä parannus kreikaksi metaneo* on synnin tunnustamista, synnistä luopumista, murehtimista synnin tähden.

B) Miksi tämä on jumalallinen periaate? Jumalan tarkoitus on pelastaa meidät synnin vallasta.

> *"Minä tunnustin Sinulle syntini, enkä peittänyt pahoja tekojani (Ps.32)*, niin kuin tekevät ne, jotka hengen erhetys saa petollisesti luottamaan siihen, että he saavat, tarvitsematta pelätä mitään, itse vanhurskauttaa itsensä ja vapauttaa itsensä kaikesta syyllisyydestä. Sitä paitsi he alkavat riidellä muiden ihmisten kanssa, lankeavat ylpeyteen, kiukkuun, vihaan, suvaitsemattomuuteen, tuomitsemiseen ja panetteluun, ja juuri heidän luuloteltu viattomuutensa tekeekin heidät oikein syyllisiksi. Ja kuitenkin kaikessa tässä he väittävät menetelleensä oikein ja hyvin ja kohtuuden mukaan. Nämä peittävät pahuutensa syvälle, sillä he katsovat omaan vanhurskauteensa eivätkä tunnusta Jumalalle syntejään totuuden mukaisesti ja hengeltään sisäisesti vilpittöminä. Hurskaat ihmiset eivät sitä vastoin peitä pahuuttaan; he eivät vihastu eivätkä käy kärsimättömiksi, vaikka heille tehtäisiin vääryyttäkin. He arvelevat, ettei heille voidakaan tehdä mitään

vääryyttä, sillä he eivät huomaa itsessään mitään vanhurskautta. Ja nämä ovat autuaita, sillä Jumala antaa anteeksi heille heidän vääryytensä, koska he sen itse tunnustavat ja myöntävät. Kun he eivät peitä eivätkä kätke syntiään, peittää ja kätkee Jumala sen."[18]

C) Miten tämä periaate toimi tämän raamatunkohdan yhteydessä?

"Jumala on ilmoittanut itsensä ihmiskunnalle aikojen kuluessa enemmän ja enemmän. Hän pitää meitä vastuunalaisina vain siitä ilmestyksen määrästä, mitä meille on kussakin ajassa annettu. Jakeessa 30 tulee ilmi, että ihmisillä on jo Kristuksen lihaksitulon jälkeen riittävästi tietoa eivätkä ihmiset voi vedota tietämättömyyteensä enää ja ovat vastuullisia tekemään parannuksen. Luukas 12:48 ´Jokaiselta, jolle on paljon annettu, myös paljon vaaditaan.`"[19]

Kristuksen kärsimys on fokuksessa tässä, Paavali kertoo evankeliumin ytimen; ylösnousseen Kristuksen kautta tulee tuomio, siinä valossa ihmisten tulee tehdä parannus. Hellenistinen kuulijakunta jakautui kahtia, toiset ivasivat, toiset halusivat kuulla lisää. Luukkaan mukaan eräs

---

[18] M. Luther, *Minä Tunnustin Syntini,* 29, (Porvoo: WSOY, 1966)
[19] W. Nunnally, *The Book of Acts,* 317,(Missouri: Global University, 2006)

Areiopagin jäsen Dionysius uskoi; tradition mukaan Eusebius väittää, että Dionysius olisi ollut ensimmäinen piispa Ateenassa. Myös muita, mm. nainen nimeltä Damaris uskoi Paavalin saarnan.

Sinäkin saat turvautua tähän raamatulliseen periaatteeseen. Jumala on suunnitellut sinulle elämän pelastuksessa. Totuus tekee vapaaksi. Kuten Luther sanoo: "Ken uskoo, hänelle kaikki koituu parannukseksi, eikä mikään vahingoksi. Joka ei usko, hänelle on kaikki vahingoksi, eikä mikään parannukseksi."[20] C.S. Lewis kirjoittaa "Jumalan kunnia, ja, meidän ainoa keinomme ylistää Häntä, ihmissielun pelastus, on elämän todellinen tarkoitus."[21]

C. M. Horne sanoo:

> "Ihmisen synnin tuloksena on vieraantuminen Jumalasta, lähimmäisistään ja jopa itsestään. Ihminen on ahdistuksen, frustraation, pelon ja epätoivon uhri. Elämä näyttää täysin tarkoituksettomalta, absurdilta, arvottomalta; ei ole ulospääsyä sen labyrinteistä; ihminen päättelee Raamatun sanoin: `Tarkkailin kaikkia tekoja, mitä tehdään auringon alla, ja katso, se on kaikki turhuutta ja tuulen tavoittelua.´ (Saarnaaja 1:14, 1933 suomennos) Merkkejä ihmisen epätoivosta virtaa jatkuvasti median välityksellä.

---

[20] M. Luther, *Minä tunnustin syntini,* 125, (Porvoo: WSOY, 1966)
[21] C. M. Horne, *Salvation,* 7,(Chicago: The Moody Bible Institute, 1980) Kirjasta C.S. Lewis, *Christian Reflections,* Eerdmans, 1967

Joidenkin rock-yhtyeiden musiikin sanoituksista näkyy epätoivo. "[22]

D) Miten tehdään parannus?

Täyteen pelastukseen kuuluu ehdottomasti myös parannus. Seurakuntakulttuuriin nykyisin kuuluu, että "vastaanotetaan Jeesus" tai "saadaan synnit anteeksi", mutta parannus, katuminen, synnintunnustus, rippi jätetään varsin pienelle huomiolle, jos huomioidaan ollenkaan. Tästä seuraa luultavasti se, että ihmisestä ei tule kestävä Kristuksen seuraaja, koska tunnustamaton synti vetää "maailmaan". Derek Prince lausui TV 7:ssä joulukuussa 2014: "Arvelen, että valtaosa uskovista seurakunnissa ei ole tehnyt aitoa parannusta." Sillä kyllä selittyisi huono riitainen ilmapiiri, seurakunta ei kasva, perheet voivat huonosti, avioeroja paljon, luopioita paljon.

Voidaan sanoa, että parannuksenteossa on eri askeleita, kun halutaan määritellä sen sisältöä.

1) tunnistaa synti
2) tuntea surua sen tähden
3) tunnustaa ja hylätä synti
4) vastaanottaa ja uskoa synninpäästö
5) Jumala on uusien mahdollisuuksien Jumala

---

[22] C. M. Horne, *Salvation,* 10, (Chicago: The Moody Bible Institute, 1980)

Synnin käsite tulee Raamatun maailmasta, kun sitä luetaan Pyhän Hengen ohjauksella. Kymmenen käskyä on annettu. "Synti on tila eikä vain teko. Synnillä on alku ja se saa alkunsa ihmisen tahdossa. Synti alkoi yhdestä ihmisestä."[23]

Hurskaat puhuvat myös jokapäiväisestä parannuksenteosta. Pelastuksessa tulee pysyä. Parannuksenteko on Pyhän Hengen työtä meissä. Kukaan ihminen ei voi määritellä sitä. Jos meidän tulee katua, meidän tulee tahtoa sitä. Syntimme jää, jos emme kadu.

Koska Jumala on aina sama ja muuttumaton meidän yhteiskuntamme ja kulttuurimme ollessa se muuttuja, olen tietoisesti lukemassa jatkuvasti vanhoja tekstejä eri aikakausiltakin välttääkseni ajan virtauksien mukana kulkemisen ja populaarikristillisyyden. Lainaankin tähän suosikkikirjailijaani C.S. Lewistä:

> "Jokaisella aikakaudella on oma ilmeensä. Me kaikki, siksi, tarvitsemme kirjoja, jotka korjaavat oman aikamme tyypillisiä erehdyksiä. Ja tämä merkitsee vanhoja kirjoja."[24]

Lewi Petrus saarnaa:

---

[23] S. Chan, *Man and Sin,* 104, (Texas: ICI University, 1994)
[24] C.S. Lewis, *Essay Collection and Other Short Pieces,* 439,(Great Britain: HarperCollins Puiblishers, 2000)

"On hirvittävää, että kristittyjen ja kristinuskon klaavun alla kulkee miehiä ja naisia, jotka elävät maailmassa; eikä vain hengellisessä merkityksessä, vaan puhtaasti kirjaimellisesti, he elävät synnissä ja liassa – se on hirvittävää."[25]

Juhana Wegelius kirjoittaa saarnassaan:

"Kristillisyytemme ei ole niin keveä asia kuin maailman lapset sen pitävät, jotka luulevat ainoastaan ulkonaisella Sanan ja sakramenttien nauttimisella ja jumalanpalveluksen ulkomenoilla ilman oikeaa parannusta ja Kristuksen seuraamista saattavansa kaikki hyvin päin toimittaa."[26]

II PERIAATTEESTA, ETTÄ KATUMUS ON VÄLTTÄMÄTÖNTÄ, ON ESIMERKKINÄ PAAVALIN KÄÄNTYMINEN (AP.T. 9:1-28)

A) *Asiayhteys.* Paavalilla oli intoa Jumalan puolesta, mutta ei ollut kääntynyt kristityksi, vaan hän oli julma kirkon vainoaja. Hänellä oli into Jumalan puoleen. Hän oli älykäs ja moraalinen. Paavali pysäytettiin yliluonnollisesti. Oli valo taivaasta, ääni taivaasta, Paavalin sokeus, mistä hän ihmeellisesti paranikin. Paavali tuli vakuuttuneeksi, että hänen vainotessaan

---

[25] L. Petrus, *Gud med Oss,* (Stockholm:Häroldens Tryckeri, 1931)
[26] I. Salomies, *Pelastuksen päivä,* 522, (Juhana Wegelius, *Postilla*)

seurakuntaa, hän vainoaa Kristusta. Jumala käytti Ananiasta palvelemaan Paavalia.

B) Tässä on kertomus tärkeästä katumisen välttämättömyydestä. Paavalin tapauksen käytännön opetukset ovat Hornen mukaan seuraavat:

> 1) "Ihminen voi olla oppinut ja ulkonaisesti moitteeton elämässään ja kuitenkin äärimmäisen köyhä hengellisesti ja uudistuksen tarpeessa
> 2) Kun usko tulee siihen, että Jeesus on Kristus, syntinen saa toivon
> 3) Ihmisellä voi olla vilpitöntä väärää intoa Jumalan tähden
> 4) Usko moraaliseen elämään liittyneenä johonkin uskontoon usein vie vastustamaan Kristusta
> 5) Vainoajasta voi tulla julistaja[27]

Kääntymisessä on uskoa. Siinä on halua uuteen elämänsuuntaan. Se on Jumalan työtä. Hornen mukaan kääntymisessä on kolme elementtiä:

> 1) *"Tieto.* Meidän täytyy tietää, kuka Kristus on, mitä Hän on tehnyt, ja mitä Hän on kykenevä tekemään (1 Kor. 15:3-4). Ilman sellaista tietoa, usko olisi sokeaa arvelua parhaimmillaan ja hupsua pilailua pahimmillaan. Meitä ei kutsuta

---

[27] C. M. Horne, *Salvation,* 68-69, (Chicago: The Moody Institute, 1980)

uskomaan johonkuhun, kenestä meillä ei ole mitään tietoa. Pelastava usko ei ole sokeaa hyppyä pimeään.

2) *Hyväksyminen.* Emme ainoastaan tiedä totuutta Kristuksesta; uskomme sen. On mahdollista tietysti ymmärtää väitteitä totuudesta eikä uskoa niihin. Pelastavassa uskossa totuudet, mitkä tiedetään, myös hyväksytään totuutena.

3) *Luottamus.* Tieto totuudesta ja totuuden hyväksyminen evankeliumista ei ole pelastavaa uskoa. Tämän täytyy liittyä Jeesuksen Kristuksen persoonaan luottamiseen. Kristillinen usko ei ole vain älyllistä jumalallisesti ilmestyneiden kirjoitusten väitteiden hyväksymistä; siihen tulee liittyä Kristukseen sitoutuminen. Jyrkästi ottaen usko Kristukseen ei edes pelasta, vaan Kristus pelastaa uskon kautta."[28]

Paavalin kääntymisestä käy todella selväksi, miten kääntymisemme on Jumalan armoteko.

L.L. Laestadius, Lapin herättäjä, kirjoittaa katumuksen olemuksesta saarnoissaan. Hän oli oikea armonjärjestyksen ja pelastusopin ja erilaisten sieluntilojen tuntija. Hänen elämäntyössään voi nähdä Pyhän Hengen vaikutukset.

"Katumattomien syntisten on helppo uskoa armolliseen Jumalaan, koska he eivät ole tehneet

---

[28] C. M. Horne, *Salvation,* 55, (Chicago: Moody Press, 1980)

mitään pahaa. Heidän omatuntonsa ei syytä heitä murhasta, varkaudesta eikä muista karkeista synneistä ja paheista. Omatunto ei syytä heitä ahneudesta eikä kateudesta, ei myöskään ylpeydestä, ylensyömisestä eikä juopumuksesta. Omatunto ei syytä heitä tottelemattomuudesta vanhempiaan eikä isäntiään kohtaan. Omatunto ei syytä heitä mistään rikkomuksesta, joka saattaisi heidät epätoivoon. Katumattomien on siis helppo omistaa Jumalan armo. Katuvien syntisten ei ole yhtä helppo uskoa, koska omatunto syyttää heitä ja perkele tuomitsee heidät. Armonvaras ajattelee: `Minä olen elänyt siveästi ja rehellisesti, enkä siis ole ansainnut helvettiä. Jumala on epäoikeudenmukainen, jos hän tuomitsee minut helvettiin. Vai onko Jumala muka luonut ihmisen palamaan helvetin tulessa.`[29]

"Omavanhurskaus nousee muuriksi katuvan syntisen ja Vapahtajan väliin. Ihminen ei voi millään tavalla ansaita Jumalan armoa eikä syntien anteeksiantamusta. Anteeksiantamus julistetaan Kristuksen kautta."[30]

2 Kor. 7:10 mukaan katumus sisältää murheen synnistä. "Jumalan mielen mukainen murhe tuo mukanaan

---

[29] L. L. Laestadius, *Saarnat III*, 1612, (Pieksämäki: Kirjapaino Raamattutalo Oy, 2000)
[30] L. L. Laestadius, *Saarnat III*, 1614, (Pieksämäki: Kirjapaino Raamattutalo oy, 2000)

katumuksen, mitä ei tarvitse katua ja mikä johtaa pelastukseen. Mutta maailman murhe johtaa kuolemaan."

Katumus johtaa eroon Hornen mukaan epäjumalista, kaikesta, mikä on ihmisen ja Jumalan välillä. Myös turhista asioista, (Ap.t. 14:15) pimeydestä, Saatanan voimasta (Ap.t. 26).

1) "Tulee olla valmistautuminen kääntymiseen, huolellinen itsetutkinta kuten tuhlaajapojan elämässä.
2) Tulee olla päättäväinen kääntyminen Hänen puoleensa, josta Kirjoitukset todistavat.
3) Todistuksena kääntymisestä tulee olla tottelevaisuus. Todellinen kääntyminen merkitsee muuttunutta elämää. "[31]

Armonvaras tai halpa armo, siinäpä kirkon vitsaus. C.M. Horne siteeraa D. Bonhoefferia, joka on tunnettu halpaa armoa koskevasta ajatuksestaan:

"Halpa armo on kirkkomme tappava vihollinen. Olemme taistelemassa tänään kalliin armon puolesta. Halpa armo on julistamista anteeksiantamusta ilman vaadittavaa katumusta, kastetta ilman kirkkokuria, ehtoollista ilman synnintunnustusta, synninpäästöä ilman henkilökohtaista tunnustusta. Halpa armo on armoa ilman opetuslapseutta, armoa ilman ristiä,

---

[31] C. M. Horne, *Salvation, 58,* (Chicago: Moody Press, 1980)

armoa ilman Jeesusta Kristusta, elävää ja lihaksitullutta.

Kallis armo on evankeliumi, joka täytyy löytää uudelleen ja uudelleen, lahja, mitä pitää pyytää, ovi, jolle ihmisen tulee kolkuttaa.

Sellainen armo on kallis, koska se kutsuu meidät seuraamaan, ja se on armoa, koska se kutsuu seuraamaan Jeesusta Kristusta."[32]

Paavalin tapauksessa kyllä hänet Jeesus Kristus pysäytti ilman katumusta. Katumus voi tulla jälkeenpäin. "Kaikki ovat tehneet syntiä ja ovat Jumalan kirkkautta vailla." (Room. 3:23) On paljon raamatunjakeita, mitkä puhuvat katumisen ja kääntymisen välttämättömyydestä.

Syntiinlankeemuksessa ihminen käänsi selkänsä Jumalalle. Raamatun alkulehdillä Jumala antoi kuitenkin lupauksen Kristuksesta. (1 Moos.3:15). Ei oltu ilman toivoa, vaikka syntiinlankeemus oli valtaisa vahinko.

Jumalan työkaluina tuoda ihminen kääntymyksen paikalle on Hänen yleinen hyvyytensä, Jumalan Sanan saarna yleensäkin, ristin ja ylösnousemuksen julistaminen, näky Jumalasta (Job, Paavali)[33].

---

[32] C. M. Horne, *Salvation,* 58, (Chicago: Moody Press, 1980)
D. Bonhoeffer, *The Cost of Discipleship,* 35, (New York: Macmillan, 1949)
[33] H. M. Freligh, *Newborn,* (Minnesota: Dimension Books, 1975)

Kääntyminen on sielun liikettä Jumalaa kohti; mutta ihmisen ollessa hengellisesti kuolleessa tilassa, Jumala lähettää ennakoivan armon, Pyhän Henkensä. Raamattu sanookin, ettei kukaan voi tulla Kristuksen luokse, ellei Isä häntä vedä. Liikkeellepaneva voima on siis Jumalan hyvä tahto. Herätys on Jumalan armotyö. Näin sanoo myös isoisäni Aatto Salo (1879-1919), lestadiolainen uudestiheränneiden saarnamies. Hän vakuuttaa lisäksi kirjassaan, että jokaisen on käännyttävä ja uudestisynnyttävä.

> "Puheenalaisten herätyksien syntymiseen ei puuhattu herätyskokouksia eikä tavoiteltu ihmeitä, vaan koetettiin asettaa kaiken keskustaksi Herran oma Sana ja uskonelämä Kristuksessa." [34]

Niin, Jumala huolehtii sen ihmepuolen sitten, jos on tarpeen. Ja ihmettähän on kaikki, mikä liittyy pelastukseen. Usein korostamme näkyviä fyysisiä paranemisihmeitä.

Katumuksessa on uskoa. Ja Sanan kuulemisesta tulee usko, (Room. 10:17) mutta kääntyminen ei välttämättä tapahdu, vaikka kuulee Sanan. 1 Kor. 2:1-5 mukaan tarvitaan Pyhän Hengen läsnäolo. Kristuksen ristinkuoleman ja ylösnousemuksen kautta ihmisellä on mahdollisuus kääntyä, tätä on evankeliumi. Sanan julistus sitä seuraavien merkkien ja ihmeiden kautta, saa aikaan kääntymisen. Sanan julistus voi

---

[34] A. Salo, 34, *Herätyksen ajoilta,* (Helsinki: Kirjapaino-Osakeyhtiö Sana, 1918)

olla julkista suuremmalle joukolle tai väittelyiden ja keskusteluiden välityksellä.

Calvin samaistaa kääntymisen uudistukseen, jonka puhdas lopputulos on palauttaa meissä Jumalan kuva, mikä on ollut tuhoutunut.[35] Katumus-aihetta on paljon käsitelty ja tulkittu kristillisessä kirjallisuudessa. John Bunyan käsittelee kirjansa alussa synninhädässä olevan ihmisen tilannetta:

> " Minne minun on paettava? Evankelista vastasi osoittaen sormellaan yli tasangon. Näetkö tuolla Ahtaan portin? (Matt. 7:13, 14) Mies virkkoi: En. Silloin toinen kysyi: Näetkö tuota loistavaa valoa? (Ps. 119:15; 2 Piet. 19) Hän vastasi: Luulen näkeväni. Silloin evankelista sanoi: Pidä sitä valoa tarkasti silmällä ja mene suoraan sitä kohden, niin näet portin. Kun sille portille kolkutat, sinulle sanotaan, mitä sinun on tehtävä."[36]

Luther puhuu jokapäiväisestä parannuksesta. Rippi on paljon unohdettu voimavara. Voitaisiin ajatella, että ihmiset olisimme terveempiä, jos rippi olisi ahkerassa käytössä. Syntien tunnustamiseen on paljon Raamatun kehotuksia. Joka syntinsä tunnustaa ja hylkää, hän saa armon. Jeesuksen veri ei saa olla joku laastari synnin päälle! Eräässä hengellisessä kokouksessa oli hiljattain nuori nainen, joka alkoi lähes huutaa olevansa

---
[35] J. Calvin, *Institutes of the Christian Religion*, (Philadelphia: Westminster, 1960)
[36] J. Bunyan, *Kristityn vaellus*, 10, (Helsinki: Suomen Lähetysseura, 1966)

helvettiin menossa! Lähipiiri sanoi siinä, että tämä on psykoosissa, ihminen pitää viedä sairaalaan. Otin naisen erilleen ja kyselin haluaako hän tunnustaa syntinsä. Hän teki niin ja rauhoittui saatuaan synninpäästön. Hengellisyys on rehellisyyttä, ei synnittömyyttä (siihen ei kukaan luotu kykene, on ulkokultaisuutta, jos luulee kykenevänsä).

"Herran pelko ei ole mitään kamalaa Jumalan uhkaa, mutta se on ilmestys, joka johtaa meidät eroon pahuudesta. Tänä päivänä valtaosa seurakunnista kulkee vain Pyhän Hengen lohdutuksessa eivätkä huomioi lainkaan Herran pelkoa. Sen seurauksena suuri osa maailmaa elää irstasta elämää. Irstas elämä merkitsee kirjaimellisesti elämistä ilman rajoituksia. Maailma tuntee rajoitukset vain hengen voimasta. Seurakunta antaa ne Herran pelossa. Seurakunta ei voi sortua irstauteen millään tavalla ja silti odottaa Jumalan siunaavan ja vahvistavan sitä. Missä on Herran pelko? Jumala ei ummista silmiään synniltä."[37]

C) *Sovellus*. Henkilökohtaisesti saat rukoilla oikeaa katumusta Jumalalta. Se tulee vain Häneltä.

III PERIAATTEESTA, ETTÄ KATUMUS ON VÄLTTÄMÄTÖNTÄ, ON ESIMERKKINÄ MYÖS DAAVIDIN KATUMUS (PSALMI 51)

---

[37] E. L. Cole, *Kommunikaatio, seksi & raha*, 96, (Saarijärvi: Saarijärven Offset Oy, 2000)

A) *Asiayhteys.* Daavid oli langennut syntiin Batseban kanssa ja lisäksi järjestänyt Batseban puolison sotarintamalle, jotta hän menehtyisi siellä. Lisäksi hän oli, kuin mitään ei olisi tapahtunutkaan! Profeetta Naatan oli Jumalan välikappaleena ja ilmoitti Daavidille hänen syntinsä.

B) Tässä on kertomus periaatteesta, miten tärkeä ja oleellinen asia katumus on. Daavidin psalmeissa on paljon hätää, mitä hän vuodattaa Herran edessä. Kenenkään elämä ei ole niin puhdas, että voisi pelastua sillä perusteella. Daavidin elämä on esimerkki oikeasta katumuksesta.

> "Emme voi puolustella Daavidia maailman syytöksiltä. Emme voi pyyhkiä pois hänen vikojaan ja puutteitaan. Kaikkien täytyy myöntää, että Daavid oli suuri syntinen, kun hän meni Batseban luokse, kun hän teki huorin, kun hän järjesti murhan, kun hän valehteli ja oli vanhassa aatamissa ja kun ylpeyden henki sai hänet laskemaan kansan. Mitään näistä ei oikea kristitty voi puolustella. Maailma ei voi käsittää hänen katumustaan. Maailma halveksii tai säälii Daavidia hänen omantunnon vaivansa tähden, tai sitten se kutsuu tätä kauheaksi hurmahenkisyydeksi. Jumalan mielen mukaista murhetta kutsutaan hurmahenkisyydeksi ja joutavaksi mietiskelyksi. Daavid oli maailmankin mielestä suuri syntinen. Mitä hyvää siis Daavidissa oli, kun Jumala valitsi hänet

Israelin kuninkaaksi? Se hyvä oli juuri siinä, että hän katui virheitään syvästi ja vakavasti. Katumus, omantunnon vaiva ja syvä epätoivo ovat maailmalle aivan käsittämättömiä asioita. Se ei voi käsittää, että katumus, omantunnon vaiva ja epätoivo kuuluisivat oikean kristillisyyden olemukseen. On totta, että ihminen ei voi ansaita pelastusta omantunnon vaivalla ja epätoivolla. Näemme kuitenkin Kristuksen kärsimyshistoriasta, että opetuslasten täytyi vaipua epätoivoon, ennekuin he saivat Pyhän Hengen. Jumalan mielen mukainen murhe tulee kulkea elävän uskon edellä. Vapahtaja sanoo, että ihminen kulkee elämään suuren vaivan kautta."[38] Myöhemmässä elämässään Daavid totteli Jumalaa.

Jotta tulisimme vakuuttuneiksi *kääntymisen välttämättömyydestä*, lainaan vielä Lutherin ajatuksia. Huomautan, että vaikka monessakin protestanttisessakin seurakunnassa ollaan hylätty Luther hänen juutalaiskäsitystensä vuoksi, sekä ns. sakramentalismin vuoksi (sanaa sakramentti ei löydy Raamatusta), hänen ymmärryksensä armonjärjestyksestä eli hänen pelastusoppinsa kestää kritiikin.

"Oikea tie ja oikea tapa, jonka ohella ei muuta ole, on korkea-arvoinen, armorikas, pyhä parannuksen sakramentti, jonka Jumala on kaikille syntisille suonut

---

[38] L. L. Laestadius, *Saarnat III*, 1670, (Pieksämäki: Kirjapaino Raamattutalo, 2000)

lohdutukseksi antaessaan avaimen pyhälle Pietarille sekä[39] samalla koko kristilliselle kirkolle sanoessaan Matt. 16:19: `Kaikki, minkä sidot maan päällä, se on oleva sidottu taivaissa, ja minkä sinä päästät maan päällä, se on oleva päästetty taivaissa.´ Parannuksen pyhään sakramenttiin kuuluu kolme asiaa: 1) Synninpäästö 2) Armo 3) Usko. Katumuksen määrä ei auta. Katumuksen varaan ei saa rakentaa uskoaan, vaan ainoastaan Kristuksen varaan. Jos pappi julistaa sinulle synninpäästön, olet vapaa. Jokainen kristitty voi suorittaa papin tehtävän. Jos et usko, että syntisi ovat anteeksiannettu, olet pakana, epäkristitty, etkä usko Herraasi Jeesukseen Kristukseen. Parannuksessa erotetaan myös kolme osaa: 1) Katumus 2) Rippi 3) Hyvitysteot.

Salaiseen rippiin kuuluvat ne synnit, jotka tunnetaan kuolemansynteinä. Ken uskoo, hänelle kaikki koituu parannukseksi, eikä mikään vahingoksi. Joka ei usko, hänelle kaikki on vahingoksi, eikä mikään parannukseksi."

Usko siihen, että synnit on anteeksi, tulee Jumalalta. Roomalaiskatolinen kirkko pitää kuolemansynteinä: ylpeyttä, kateutta, vihaa, laiskuutta, ahneutta, ylensyöntiä, himoa. Roomalaiskatolisessa kirkossa ei ymmärretty Lutherin aikana rippiä. Siitä oli tehty pakollinen ja sillä ahdisteltiin ihmisiä. Vaadittiin täydellistä rippiä, mitä se sitten lieneekin. Toisaalta

---

[39] M. Luther, *Minä tunnustin syntini, 115-120,* (Porvoo: WSOY, 1966)

sitten kirkko on ajautunut monin paikoin täysin toiseen laitaan, rippiä ei arvosteta, eikä sitä käytetä ollenkaan. Julkinen rippi on kysymyksessä esim. Isä meidän-rukouksessa ja yhteisesti lausutussa synnintunnustuksessa jumalanpalveluksissa. Päivittäinen rippi on tarpeen rukouksessa, kristitty tunnustaa syntinsä ja pyytää armoa ja uskoo syntinsä anteeksi. Salainen rippi tulee kysymykseen sielunhoidossa, kun jokin asia ahdistaa.

Vääränlaisesta parannuksesta

Katolisessa kirkossa oli parannuksen suhteen väärä ajatus: Anna Jumala, minun elää, kunnes sovitan syntini ja parannan elämäni. Ei siinä Kristusta tarvittu ollenkaan. Ja niin ei tuollaisessa parannuksessa voi ollenkaan saada anteeksi mitään. Sama kokemus minulla oli hengellisessä elämässäni ennen uskoontuloa, ennen Kristuksen kohtaamista. Samoin omavanhurskaus pyrkii ajamaan ihmistä myöhemminkin itse parantelemaan elämäänsä uskoontulon jälkeenkin ilman Kristusta; Jeesus muuttaa uskovan elämän ja Jeesus Kristus on pyhitys.

Katolinen kirkko määräsi *hyvitysteot*. Isä meidän-rukouksia tuli lukea tietty määrä ja paastota. Sitten keksittiin aneet, mikä tuottikin kirkolle rahaa. Tänäpäivänä nämä vaarat ovat olemassa myös. Kaikki, mikä ei ole uskosta, on syntiä. Ihmisen hengellisen elämän perusta tulisi olla Kristuksessa. Niinkin raamatullisia asioita kuin rukousta, paastoa, uhraamista voidaan käyttää väärin. Jos Jumala lähettää elämääsi ihmisen, ei hän tule käsi ojossa.

Sakkeushan (Luukas 19) korvasi, mitä oli epärehellisesti ottanut veroja ihmisiltä, tässä ei ole hyvitysteoista kysymys. Ei hän voinut pitää itsellään sitä, mikä oli toisen omaa. Rakkaus ei tee lähimmäiselleen mitään pahaa. Tunnustuskirjoissa Luther käsittelee *katumusta ja hän toteaa, että katumus ei ole aito, parannus on teeskentelyä, jos vääryydellä otettua omaisuutta ei palauteta. (Luther, Tunnustuskirjat, Augsburgin tunnustuksen puolustus XII Uskonkohta. Parannus. Rippi ja hyvitysteot.)*

C) *Sovellus. Katumisen välttämättömyys* ei ole vain joku synkkää kristillinen velvollisuus, vaan lahja. Sen avulla Jumalan suunnitelma lähti toteutumaan Paavalin elämässä, Daavidin elämässä. Ja mikä valtava lääke ja mahdollisuus sinullekin ja se on ollut ja tulee olemaan jokaisen meidän Jumala-suhteessa ja ihmissuhteissa. Se merkitsee uutta elämää, kun saamme sen ottaa käyttöön. On lupa pyytää Jumalalta katumisen armoa.

6 Lopetus: Matt. 5:27-29 teksti oikeansilmän repäisemisestä ja oikean käden katkaisemisesta, jota Jeesus käyttää on äärimmäisen voimakasta liioittelua eli ei ole tarkoitettu sanamukaisesti sovellettavaksi. Tarkoitus on Jeesuksella, että mikään parannus ei ole liian tuskallista helvetin tuleen verrattuna. Voit katsoa tätä Jumalan periaatetta, *katumisen välttämättömyyttä,* mikä tulee ilmi Ap.t. 17:30. Tämäkin

Jumalan Sanan totuus kantaa sinua ja rakentaa Kristus-suhdettasi ja kantaa hyvää hedelmää.

Ja vielä. Tämä monisanainen vuodatus katumuksesta älköön ahdistako muuta kuin tulemaan Kristuksen luokse. Tie **JEESUKSEN KRISTUKSEN LUOKSE ON AINA AUKI.** Pyhän Hengen tehtävä on antaa katumus ja parannus ja meidän tehtävä on olla vastustamatta Hänen ääntään.

6 LOPETUS:

Edelläkuvatut Jumalan Sanan paikat uskossa omistettuina rakentavat Kristus-suhdettasi.

"Jumalan Sana ei ole oppikirja. Sen on tarkoitus kohdata meidät jokapäiväisessä vaelluksessamme Hengessä ja puhua meille siinä. Se on suunniteltu antamaan meille tietoa, joka on käytännöllisessä suhteessa elämään. **Jos yritämme systemaattisen teologian kautta oppia tuntemaan Jumala, olemme ehdottomasti väärällä tiellä.** "

LUKU 5 KÄÄNTYMYS

1 KÄÄNTYMYS

2 TEEMA: Esimerkkejä periaatteesta, että kaikkien ihmisten tulee kääntyä

3 SANANKOHTA: Ap.t. 26:20 "...saarnasin pakanoille parannusta ja kääntymystä Jumalan puoleen, ja että he tekisivät parannuksen soveliaita tekoja."

4 VÄITE: Jumala johtaa kääntymykseen omansa

5 PÄÄOSA:

I Periaatteen "Kaikkien ihmisten tulee tehdä parannus ja kääntyä Jumalan puoleen" selitys

II Sanakohdassa kuvattu periaate on myös kuvattu Ap.t. 16:31

III Sanankohdassa kuvattu periaate löytyy myös Ap.t.16 Lyydian tapauksesta

6 LOPETYS: Kääntyminen johtaa anteeksiantoon synneistä ja pelastukseen ja näin pääsemme Jumalan valtakuntaan

1 KÄÄNTYMYS

2 TEEMA: Esimerkkejä periaatteesta, että kaikkien ihmisten tulee kääntyä

Kääntymyksen olemuksesta sanoo Harold M.Freligh seuraavasti:

> "Kääntymykseen johtavat katumus ja usko. Se on ihmisen vastausta Jumalan kutsuun. Kääntymyksessä ihminen kääntyy pois synnistä turvautuen Kristukseen. Ihminen alkaa elää uskossa Kristukseen pelastuksessa."[40]

Harold M. Freligh listaa kääntymisiä, mitkä eivät ole kristityksi kääntymisiä. Kääntyminen kristityksi on muutosta ihmisen hengessä, tahdossa, hänen haluissaan, hänen koko elämäntavassaan. Frelighin mainitsemat kääntymiset ovat esimerkiksi:

- poliittisen kannan muutos

- kirkkokunnan vaihto

- älyllinen muutos

- pastorin vaihto

- vain mielenmuutos

- vain moraalinen muutos[41]

Raamatussa esiintyvä *kääntyä* sana on saman sisältöinen hepreassa ja kreikassa. Kreikassa on sana *epistrefo kääntyä,*

---

[40] H.M. Freligh, Newborn, 43-53, (Minnesota: Dimension Books, 1975)
[41] sama

hepreassa *shub, sabab,* englannissa *turn again, change, convert.* Saulista käytetään 1 Sam. 10:6 "Sinä muutut toiseksi mieheksi." Raamatussa Frelighin mukaan käytetään sanaa *kääntyminen* seuraavissa merkityksissä:

- kääntyminen elottomien esineiden puoleen

- palaaminen Jumalan alkuperäiseen tarkoitukseen yksilön elämässä

- kääntyminen luopumuksesta

- tulla kuin pieneksi lapseksi

- kristityksi kääntyminen[42]

3 SANANKOHTA Ap.t. 26:20 "..saarnasin pakanoille parannusta ja kääntymystä Jumalan puoleen, ja että he tekisivät parannuksen soveliaita tekoja."

4 VÄITE: Jumala johtaa kääntymykseen omansa

Seuraavien lukujen

aiheena on kuvata koko sitä pelastusprosessia, mitä Pyhä Henki tekee johtaessaan ihmistä Kristuksen yhteyteen. Eri Raamatunkohdat osoittavat meille, miten Jumala on toiminut ja toimii. Kääntymys on kristityn sisäinen prosessi, mistä on ulkoiset, näkyvät seuraukset. Pecota kirjoittaa:

---

[42] sama kuin edellä

"Olen jo osoittanut, että katumus ja usko ovat kaksi kääntymyksen perusaspektia. Katumus kääntää meidät synnistä ja tuottaa surun synnin tähden osoittaen meille tietä ristille. Se ei vanhurskauta, mutta tunnustaa vääryyden ja elämänasenteena sitoutuu Jumalaan. Usko puhuu ihmisen positiivisesta aktiivisuudesta, kun hän kääntyy Jumalan puoleen. Hän etsii Jumalaa ja ristiä puhdistuakseen tuomitsevasta synnistä. Hän luottaa koko elämänsä ja kohtalonsa tälle Jumalalle. Kun ihminen tekee nämä asiat, katuu ja uskoo – hän kääntyy."[43]

5 PÄÄOSA:

I Periaatteen "Kaikkien tulee tehdä parannus ja kääntyä Jumalan puoleen" selitys

Lauri Stenbäckin tulkitsee Ef. 4:23.

" Teidän tulee uudistua mielenne hengeltä."

Luuletteko todella, että ihminen sellaisenaan on sovelias astumaan taivaaseen, jonne ei mitään saastutettua saa tulla, ettei hän kaipaa mitään täydellistä, syvää, olennaista ja perinpohjaista muutosta, niin kuin Sanassa sanotaan, tullakseen Jumalalle otolliseksi ja kestääkseen Hänen edessään, ettei hänen tarvitse ahkerasti pyrkiä

---

[43] Daniel Pecota, *Soteriology*, s. 83

ahtaasta portista sisälle eikä taistella elämän kruunusta?

Jumalan edessä on vain kahdenlaisia ihmisiä, kääntyneitä ja kääntymättömiä, eikä ole kuin kaksi valtakuntaa, pimeyden, kuoleman ja kadotuksen valtakunta sekä valon, elämän ja armon valtakunta. Jokainen ihminen kuuluu luonnostaan edelliseen eikä hänellä sellaisenaan, ei ajassa eikä iankaikkisuudessa, ole mitään osaa pyhien perintöön valossa. (Kol 1:12)

Kuinka paljon kaiken inhimillisen yläpuolella, kuinka ihmeellinen ja mahdoton käsittää, kuinka jumalallinen, syvä ja harras on kääntymyksen tapahtuma, tuo valtava muutos, kun sydän alkaa rakastaa, mitä se ennen vihasi, ja vihata, mitä se ennen rakasti, kun vanha katoaa ja uusi luomus syntyy, kun suomukset putoavat sielun silmästä ja se saa jälleen näkönsä!

Käy kyllä päinsä elää hyvässä sovussa maailman kanssa niin kauan kuin usko ei ole muuta kuin pelkkä aivojen tuote, niin kauan kuin eletään puolinaisessa, laimeassa, raukeassa ja elottomassa kristinuskossa, joka rakentaa sovintoa sekä Kristuksen että Beliarin kanssa, joka palvelee sekä Jumalaa että mammonaa, mutta kuta enemmän asiasta tulee totinen tosi, kuta enemmän Henki ja elämä täyttävät ihmisen, sitä enemmän maailma asettuu häntä vastustamaan, vanhan tapansa mukaan julistaen kaiken tuon haaveiluksi, lahkolaisuudeksi, liikahengellisyydeksi. Kristityksi emme tule, ellemme kuole maailmalle, eikä silloin ole kumma, jos maailma katselee sellaista yhtä suurella vastenmielisyydellä ja inholla kuin elossa oleva katsoo ruumista.

Te luulette, että hengellisen elämän kehittymisestä on seurauksena ihmisen ruumiillinen häviö, että sielun pelastumisen huoli tuottaa ihmisen ruumiillisen perikadon, hänen elämänsä, terveytensä ja mielenrauhansa menettämisen, että kaikki vakavampi kristillisyys on vain valitusta, surua, alakuloisuutta ja raihnaisuutta. mutta ettekö ole koskaan lukenut, että Jumalan valtakunta on 'vanhurskautta, rauhaa ja iloa Pyhässä Hengessä'? eikä suinkaan surua, huolehtimista ja rauhattomuutta, että 'vanhurskasten asunnoissa lauletaan riemuiten voitosta 'ja ettei 'kukaan ole ottava pois heidän iloaan'?

Huuto käy idästä länteen ja se on tunkeutunut jo teidänkin korviinne. Jumalan tulet alkavat palaa. Kaikki kauhistuvat ja vapisevat ja rakentavat suoja-aitaa, minkä suinkin voivat, itselleen ja omaisilleen. mutta se ei auta, sillä 'tuuli puhaltaa, missä se tahtoo'.[44]

Kuten edellä on jo todettu kääntyminen merkitsee ihmisen kääntymistä synnistä Jeesuksen Kristuksen puoleen syntien anteeksisaamiseksi.

Miksi "kaikkien ihmisten on tehtävä parannus ja käännyttävä Jumalan puoleen" on periaate, joka ohjaa Jumalaa?

Ihmisen langettua syntiin Jumala antoi kuitenkin lupauksen Kristuksesta 1 Moos. 3:15. Jumalan suunnitelma pelastaa ihmissuku on pelastus Kristuksessa. Mikään synti ei pääse taivaaseen. Uskomalla Kristukseen ihminen saa mahdollisuuden ja voiman elää Jumalan yhteydessä, suhteessa Kristukseen.

II Miten tämä periaate toimii Ap.t. 26:20?

Kristinusko on Jumalan toimintaa historiassa. Jeesuksen vertaus Markus 12:1-12 on vertaus Israelista ja siitä, miten

---

[44] Kirjasta Yrjö Karilas, *Pelastuksen Päivä*, s.262

Israel tulee hylkäämään kansakuntana Jeesuksen. Kuitenkin halki aikojen on ollut juutalaisia ja pakanoita, jotka ovat vastaanottaneet Jumalan suunnitelman pelastuakseen.

Tämäkin raamatunkohta tehdä parannus ja kääntyä Jumalan puoleen kuuluu jokaiselle tänään. Jumalan puoleen kääntyminen on jatkuva ja käynnissä oleva prosessi; saamme jatkuvasti elää mielen uudistuksessa. Kääntymisen alkuunpanija on Jumala; "Ei kukaan voi tulla Jeesuksen tykö, ellei Isä häntä vedä." Sanansa ja Pyhän Henkensä kautta Jumala vetää puoleensa. Ihmisen tulee totella. Jumala kunnioittaa ihmisen tahtoa. Jumala vaikuttaa tahtomisen ja tekemisen. Jeesus seisoo ovella ja kolkuttaa, mutta MEIDÄN täytyy avata.

III Sanankohdassa kuvattu periaate on myös kuvattu Ap.t. 16:31

"Usko Herraan Jeesukseen, niin sinä pelastut ja myös sinun perhekuntasi." Tämä oli Paavalin ja Silaan vastaus hätääntyneelle vanginvartijalle. Paavali ja Silas olivat ajaneet tietäjähengen ulos naisesta Filippissä ja tämän isäntä tajusi, että nyt meni hyvä tulolähde, niin hän vei miehet hallitusmiesten eteen ja miehet piestiin ja vangittiin. kansakin nousi heitä vastaan. Paavali ja Silas kuitenkin ylistivät Jumalaa - yhtäkkiä tapahtui suuri maanjäristys ja vankilan ovet aukesivat Vanginvartija aikoi surmata itsensä, kun ajatteli vankien karanneen. Mutta Paavali huusi suurella äänellä, ettei tämä tekisi mitään pahaa itselleen. Vanginvartija kysyi: "Herrat, mitä minun pitää tekemän, että minä pelastuisin?"

Tässä tapahtui kyllä aivan pikakääntymys. Koska miestä ei ollut aikaisemmin kastettu, hänet kastettiin ja hänen omaisensa ja hän otti riskin ja auttoi näitä miehiä. Raamattu sanoo, että perhe oli tullut Jumalaan uskovaksi.

Horne analysoi, että vanginvartijan kysymys paljasti hänen olevan:

a) vakuuttunut vaarasta (vangit olivat hänen vastuullaan, vartijat ilmeisesti rangaistiin kuolemalla jos nämä pääsivät pakoon)

b) hän oli sielunhädässä

c) hän ymmärsi pelastuksentarpeensa

d) ainoa keino pelastua on evankeliumin vastaanottaminen

e) kääntyminen Sanan avulla Hengen kautta tuottaa hyviä hedelmiä [45]

Tätä raamatunkohtaa käytetään yleisesti: "Usko Herraan Jeesukseen, niin sinä pelastut ja myös sinun perhekuntasi". Vanginvartijan perhekuntahan kääntyi orjat ja lapset mukaan lukien. Siihen aikaan perheenpäällä oli auktoriteettia! Kysymys

---

[45] Horne, s.67

kuuluu nyt: Onko minun heikkouskoisuuttani, jos perhekuntani ei pelastu? Tästä voidaan olla montaa mieltä, onko tämä raamatunkohta normatiivinen. Eli pelastuvatko kaikkien Kristukseen uskovien perhekuntalaiset, vai koskettaako tämä raamatunpaikka vain vanginvartijaa? Jokainen raamatunkohta on jostain syystä Raamatussa. Useita raamatunkohtia sovelletaan kulttuurin mukaan. Esimerkiksi Raamattu puhuu viinistä, muttei viskistä. Ja jotkut raamatunkohdat katsotaan kuuluvan vain siihen historialliseen tilanteeseen, kun silloiset kristityt elivät. Sitten on eri kirjallisuuden lajeja, Raamattu käyttää liioittelua, vertauksia, sananlaskuja, jotka toteavat, miten "yleensä on". joten, vaikka meillä on elävä usko Jumalaan, emme voi lukea Raamattua ja tulkita sitä aina kirjaimellisesti. Tarvitsemme Pyhän Hengen illuminaatiota, valaisua, tulkitessamme Raamattua.

Yrjö Müller (1805-1897) on jäänyt Kristuksen Ruumiin kirkkohistoriaan uskonsa takia. Hänen sanottiin rukoilleen tuhansien ja tuhansien puolesta ja ne kaikki pelastuivat, muutamat sitten hänen kuolemansa jälkeen. Eihän meilläkään ole muuta keinoa kuin pyytää Jumalaa pelastamaan perhekuntamme ja uskoa siihen, että Jeesuksen tähden Hän sen tekee. Ja varmasti tulee valvoa, ettei ole rukouksen esteitä niin että Jumala kuulee rukoukset. Meillä on edessämme aivan sama tie omaan ja perhekuntamme pelastukseen kuin vanginvartijalla, usko Kristukseen. Eikä vain Kristusta totena pitävä usko, vaan usko, joka muuttaa elämämme ja pitää meidät Jumalan yhteydessä.

Sanankohdassa kuvattu periaate löytyy myös Ap.t. 16 luvussa Lyydian tapauksesta

Jakeet 11-15: "Kun nyt olimme purjehtineet Trooaasta, kuljimme suoraan Samotrakeen, ja seuraavana päivänä Neapoliin, ja sieltä Filippiin, joka on ensimmäinen kaupunki siinä osaa Makedoniaa, siirtokunta. Siinä kaupungissa me viivyimme muutamia päiviä. Ja sapatinpäivänä me menimme kaupungin portin ulkopuolelle, joen rannalle, jossa arvelimme olevan rukouspaikan, ja istuimme sinne ja puhuimme kokoontuneille naisille. Ja eräs Lyydia niminen purppuranmyyjä Tyatiran kaupungista, jumalaapelkääväinen nainen oli, oli kuulemassa; ja Herra avasi hänen sydämensä ottamaan vaarin siitä, mitä Paavali puhui. Ja kun hänet ja hänen perhekuntansa oli kastettu, pyysi hän meitä sanoen: 'Jos te pidätte minua Herraan uskovaisena, niin tulkaa minun kotiini ja majailkaa siellä', Ja hän vaati meitä."

Lyydia kuuli Jeesuksesta, hänet kastettiin perhekuntineen vielä, koska ei ollut ennen kastettu ja hän otti Paavalin ja Silaksen hoiviinsa. Lyydia oli juutalainen käännynnäinen ja kuitenkin hänenkin tuli kääntyä. Jumala avasi hänen sydämensä ja tästä näemme, miten kääntyminen on Pyhän Hengen työtä, mitä ihmisen ei tule vastustaa.

Horne näkee tämän tapauksen käytännöllisenä opetuksena seuraavaa:

1) Se näyttää sen huolenpidon, mitä Jumala osoittaa antaessaan ohjeet pelastuksen rehellisille etsijöille juutalaisessa yhteisössä

2) Se osoittaa rukouksen tärkeyden jumalallisena tienä hengelliseen edistymiseen

3) Se osoittaa, kuinka välttämätöntä on päätös hengelliseen muutokseen niille, jotka ovat uskonnollisia, mutta eivät kristittyjä

4) Se osoittaa, kuinka sanan ja hengen toiminta on välttämätöntä kääntymisessä

5) Se osoittaa, miten riippuvaisena Pyhän Hengen johdosta tulee ahkerasti julistaa evankeliumia, jotta saavutamme Jumalan siunaukset.[46]

Raamattu ei missään sano suoraan, että tässä nyt teille pelastusoppi. Raamatusta löydämme kuitenkin lainalaisuuden Pyhän Hengen työlle. Useat raamatunkertomukset vahvistavat toisensa.

Tässä yhteydessä ei puhuta missään, miten Lyydia teki parannuksen synneistään. Usko Kristukseen

---

[46] Horne, s.64

seurakuntayhteydessä tuli varmasti tuottamaan hänelle pysyvän pelastuksen, missä myös tehdään parannus synneistä. Lyydian tapaus on sovellettavissa nykyaikaan. Monet ovat seurakunnan jäseniä ilman, että ovat tulleet uskoon, harjoittaen ulkonaisesti samoja tapoja kuin uskovat. Pyhä Henki antaa uskon ja pelastusvarmuuden varmasti, kun sitä uskollisesti etsimme.

Kääntyminen johtaa anteeksiantoon synneistä ja pelastukseen ja näin pääsemme Jumalan valtakuntaan.

Kun käännymme synnistä ja alamme uskoa Jeesukseen, pelastumme. Pelastumme synnistä ja Jeesukseen uskovan ei ole enää pakko tehdä syntiä. "Kristus on lunastanut meidät synnin kirouksesta." (Gal.3:13) Meillä on pelastus myös synnin seurauksista. Syntien anteeksisaamisen kokemus on päällimmäisenä pelastuksessa. Useat meistä ovat kokeneet parantumista ja vapautusta riippuvuuksista, köyhyydestä, huonoista ihmissuhteista. Sitten pelastunut ei jää elämään synnissä, vaikka joutuisi syntiin. Uskova tekee joka päivä syntiä, mutta on hyvä pitää lyhyet tilivälit Jumalan kanssa eli tunnustaa syntinsä Jeesukselle. "Jos me tunnustamme syntimme, on Hän uskollinen ja vanhurskas, niin että Hän antaa meille synnit anteeksi ja puhdistaa meidät kaikesta vääryydestä." (Joh.1. kirje 1:9) Pelastunut ihminen kutsutaan palvelemaan Jumalaa, tekemään vain hyvää ja vihamiehilleenkin! Ja puhumaan hyvää eikä panettelemaan. Tästä myöhemmin pyhitys-osiossa.

Daniel Pecotalla on luettelo siitä, mitä tapahtuu, kun käännymme Jumalan puoleen.

1) Vapaudumme lain alta (Ap.t. 13:39)

2) Rauha Jumalan kanssa (Room. 5:1)

3) Pelastuminen vihasta (Room. 5:9)

4) Liitto Jumalan kanssa (Room. 5:10-11)

5) Saamme varmuuden kirkastumisesta (Room. 8:30)

6) Vapaus tuomiosta (Room. 8:33-34)

7) Tulemme Jumalan perillisiksi (Titus 3:7)[47]

6 LOPETUS

Kääntynyt ihminen saa kokea uudestisyntymisen. Hän tulee vanhurskaaksi Jumalan edessä, kun hänen hyväkseen luetaan Kristuksen vanhurskaus. Hänet otetaan samalla Jumalan lapseksi, hänet adoptoidaan Jumalan perheeseen.

Arvostan Arthur Dentin näkemystä kääntymisestä.

---

[47] Daniel Pecota, s. 132

"Vaarallinen kääntymisen este on **epäusko**. Toinen sangen vakava kääntymisen este on **luvaton ja syntinen luottaminen Jumalan armoon**. Jotkut luottavat niiden **paljouteen**, jotka syntiä tekevät. Edelleen meitä pidättää oikeasta kääntymisestä **vanha, pitkällinen tapa ja tottumus synnin tekemiseen**. Eräs kääntymisen este on **rangaistuksen välttämisen halu**. Vaikka Jumala kauan odottaa ja antaa kääntymisen aikaa, Hän ei ole unohtanut asiaa. Kääntymisen este on myös se, että ihminen kiinnittää huomionsa **suurten syntisten autuaalliseen kuolemaan**. Levollisesti kuoleminen ei aina ole autuaallista kuolemista. **Pitkän iän toivo** saattaa olla totisen kääntymyksen esteenä."[48]

LUKU 6 UUDESTISYNYMINEN

1 AIHE: UUDESTISYNTYMINEN

2 TEEMA: ESIMERKKEJÄ JUMALAN PERIAATTEESTA UUDESTISYNTYMISEN TARPEELLISUUDESTA

3 SANANKOHTA Tiitus 3:5 periaatteen selitys ("...pelasti Hän meidät, ei vanhurskaudessa tekemiemme tekojen ansioista,

---

[48] Yrjö Karilas, *Pelastuksen Tie*, s.570 Arthur Dentin teoksesta ´Totisen Kääntymyksen harjoitus´

vaan laupeutensa mukaan uudestisyntymisen peson ja Pyhän Hengen uudistuksen kautta.")

4 VÄITE: Jumalan Henki uudestisynnyttää ja antaa uuden elämän, koska se on Jumalan suunnitelma

5 PÄÄOSA:

I Periaatteen selitys raamatunjaksoa käyttäen

I I Tiitus 3:5:ssä oleva periaate on kuvattu myös 1 Piet. 1:23

III Tiitus 3:5:n periaatteesta on esimerkkinä Joh. 3:6

6 LOPETUS: Jumalan Henki toimii aktiivisesti antaakseen meille elämän tarkoituksen pelastuksessa

1 AIHE: UUDESTISYNTYMINEN

Miten märitellään uudestisyntyminen?

Aikaisemmin jo mainitsin siitä, miten Pyhä Henki tulee asumaan uskovaan, kun hän on tullut uskoon. Se on Jumalan aktiivisuutta, kun ihminen uudestisyntyy. Ihminen saa uskoa sielunsa Luojansa käteen. Freligh sanoo:

> "Uudestisyntyminen on yliluonnollinen ja äkillinen Pyhän Hengen aikaansaama muutos sen yksilön elämässä, joka vastaanottaa Herran Jeesuksen

Kristuksen. Se ei ole kehitysopillinen, mutta vallankumouksellinen muutos."[49]

Vaikka sana uudestisyntyminen on vain kaksi kertaa Raamatussa (Tiitus 3:5 ja Matt. 19:28) on se raamatullinen käsite. Nikodemus ihmetteli, pitääkö hänen juutalaisena uudestisyntyä.

Kääntymys ja uudestisyntyminen ovat eri asia. Daniel B. Pecota kirjoittaa:

> "Uudestisyntyminen on Jumalan työtä sielussa. Kääntyminen on ihmisen kääntymistä Jumalan puoleen. Uudestisyntyminen on johdatusta uudessa elämässä. Kääntyminen on ensimmäinen liike kohti elämää. Uudestisyntyminen on sisäinen työ. Kääntyminen ilmenee ulospäin."[50]

2 TEEMA: ESIMERKKEJÄ JUMALAN PERIAATTEESTA UUDESTISYNTYMISEN TARPEELLISUUDESTA

Joh. 1:13 – se on Jumalan tahto

1 Joh. 4:7 – jotta rakastaisimme

1 Joh. 3:9 – jotta välttäisimme syntiä

---

[49] Freligh, s 55
[50] Daniel B. Pecota, s.102

1 Joh. 2:29 – jotta tekisimme oikein

1 Piet. 1:3 - jotta saisimme elävän toivon

Joh. 3:8 – se on Hengen tahto

Joh. 3:5 – jotta pääsisimme Jumalan valtakuntaan

Daniel B. Pecota kirjoittaa, että

> "Jo ikuisuudesta asti Jumala on tahtonut meidän uudestisyntyvän. Uusi elämä, mikä alkaa uudestisyntymästä, eletään täällä ja nyt elämänä, mikä on toivoa, rakkautta, vanhurskautta. Se vie meidät iankaikkiseen elämään, Jumalan valtakuntaan."[51]

Hän lisäksi määrittelee, että uudestisyntyminen merkitsee kulkemista kuolemasta elämään. Se merkitsee uuden luomuksen, ihmisen, syntymistä. Meidät luodaan Jeesukseen Kristukseen. Se on Pyhän Hengen uudistusta, uuden syntymisen peso.

3 SANANKOHTA Tiitus 3:5 periaatteen selitys ("...pelasti meidät ei vanhurskaudessa tekemiemme tekojen ansiosta, vaan laupeutensa mukaan uudestisyntymisen peson ja Pyhän Hengen uudistuksen kautta"

---

[51] Daniel B. Pecota, s.104

4 VÄITE: Jumalan Henki uudestisynnyttää ja antaa elämän, koska se on Jumalan suunnitelma. Siitä periaatteesta, että uudestisyntyminen on Jumalan aktiivisuutta, ovat perusteena seuraavat raamatunpaikat: Joh. 3:6, 1 Kor. 15:45, Tiitus 3:5, Jaak. 1:18, 1 Piet 1:23.

5 PÄÄOSA:

I *Periaatteen selitys raamatunjaksoa käyttäen (Tiitus 3.5)*

A. Sanan *uudestisyntyminen* selitys

Uudestisyntyminen kreik. *gennao, paliggenesia*. Stooalaisuudessa termiä käytettiin luonnon ilmiöiden yhteydessä. Sitä käytettiin juutalaisuudessa eskatologisessa merkityksessä Messiaan uudistaessa maan. Kristinuskossa käsite ei ole enää kosminen vaan henkilökohtainen.[52]

1) väärinkäsityksiä

Seurakunnan jäsenyys ei merkitse uudestisyntymistä; myöskään ei kasteella käynti. Puhutaan myös ns. kasvatuskristillisyydestä. Kasvatus voi lisätä ymmärrystä, mutta se ei ole sama kuin Jumalan kohtaaminen. Mitkään uskonnolliset seremoniat eivät tuota uudestisyntymistä. Yksinkertaisesti olemme Jumalan varassa tässäkin asiassa, vain Jumala uudestisynnyttää. ihminen saa rukoilla, että Jumala

---

[52] Friz Rienecker, Cleon Rogers, *Linguistic Key to the Greek New Testament*, s. *656* (Michigan, USA:The Zondervan Corporation, 1980)

uudestisynnyttää hänet uuteen elämään samoin kuin jo uskossa oleva saa rukoilla, että Jumala pitää hänet uskossa. Tarvitaan palvelutehtäviä seurakunnassa, jotta uskova voi nähdä toisen hengellisen tilan ja johtaa hänet eteenpäin Jumalan johdossa. Myös jotkut luulevat, että täytyy tietää paikka ja aika, milloin on uudestisyntynyt. Näin ei ole. Myöskään käsitys, että Hengen hedelmä olisi kaikki heti nähtävillä, ei ole totuus.

2) miten uudestisyntyminen ilmenee ulospäin?

Uskova tulee tietoiseksi uudesta elämästä. Hänellä on lisäksi Pyhän Hengen todistus ja Jumala alkaa johdattaa hänen elämäänsä. Alkaa näkyä Hengen hedelmä uskovan elämässä. Monet asiat muuttuvat. Uusi elämä voittaa maailman. Vain Kristukselta saatu syntien anteeksiantamus voittaa maailman. Meidän tulee mennä välimiehen Kristuksen tykö ja rukoilla Jumalaa antamaan Kristuksen vuodatetun veren tähden anteeksi syntimme. Rauha tulee etsiä ensin Kristuksesta eli syntien anteeksisaamisesta eikä lainalaisista töistä. 1 Joh. 5:4 " Sillä kaikki, mikä on syntynyt Jumalasta, voittaa maailman, ja tämä on se voitto, joka on maailman voittanut, meidän uskomme."

Alamme harjoittaa vanhurskautta uudestisynnyttyämme. Rakkaus uskonystäviin on raamatullinen uskoontulon hedelmä. Myös muut Hengen hedelmät alkavat ilmetä: ilo, rauha, pitkämielisyys, lempeys, hyvyys.

B. Miksi tämä on periaate, joka ohjaa Jumalaa ihmisiin kohdistuvassa pelastavassa toiminnassa?

Jumalan rakkaus on Hänen määräävä ominaisuutensa. Jopa salliessaan pahan kohdata meitä, takaa löytyy rakkaus meidän parhaaksemme. Jos tekomme pelastaisi meidät, ei olisi tarvittu ristin uhria.

C. Miten tämä periaate toimii tässä raamatunkohdassa?

Uudestisyntyminen on Jumalan aktiivisuutta. Jumalallisen toiminnan periaate eli laki on pelastuksessa se, että Jumala on aktiivinen, ihminen on vastaanottaja ja suostuu eikä poistu näyttämöltä. Tämä periaate toistuu jo Hesekielin kirjassa 11:19: "Ja minä annan heille yhden sydämen, ja uuden Hengen minä annan teidän sisimpäänne, ja minä poistan kivisydämen heidän ruumiistaan ja annan heille lihasydämen." Myös Hesekielin 36:26-27: "Ja minä annan teille uuden sydämen, ja uuden Hengen minä annan teidän sisimpäänne. Minä poistan teidän ruumiistanne kivisydämen ja annan teille lihasydämen. Henkeni minä annan teidän sisimpäänne ja vaikutan sen, että te vaellatte minun käskyjeni mukaan, noudatatte minun oikeuksiani ja pidätte ne."

D. Mikä on oikea asenne tämän periaatteen edessä, että Jumala tahtoo uudestisynnyttää?

Freligh antaa muutaman ohjeen. Voimme rukoilla, että Jumala uudestisynnyttää meidät. Meidän tulee uskoa Jumalan

Sanaan ja luottaa sen lupauksiin. Meidän tulee olla kokosydämisiä. Meidän tulee olla halukkaita vastaanottamaan Jeesus Kristus. Emme saa olla kyynisiä.

II *Tiitus 3:5:ssa oleva periaate on kuvattu myös 1 Piet. 1:23*

A. Jakson asiayhteys

Tässä raamatunkohdassa tulee myös selväksi, että uudestisyntyminen on Jumalan aktiivisuutta.

B. Sanankohta

"Te, jotka olette uudestisyntyneet, ette katoavasta, vaan katoamattomasta siemenestä, Jumalan elävän ja pysyvän Sanan kautta."

C. Sovellus

Tämäkin raamatunpaikka aktivoi levittämään Jumalan Sanaa. Ilman Jumalan Sanaa, evankeliumia, ei tulla uskoon.

III *Tiitus 3:5:n periaatteesta on esimerkkinä Joh. 3:6*

A. Jakson asiayhteys

Jeesus puhuu tässä Nikodemuksen kanssa uudestisyntymisestä.

B. Sanankohta

"Mikä lihasta on syntynyt, on liha; ja mikä Hengestä on syntynyt on Henki."

C. Sovellus

Jeesus lupaa, että jokaisella, joka Häneen uskoo, on iankaikkinen elämä.

Jumalan Henki toimii aktiivisesti uudestisynnyttääkseen meidät ja antaakseen meille elämän pelastuksessa.

6 LOPETUS:

C.S. Lewis, joka kääntyi itse ateistista kristityksi, ja jonka kirjojen ja elämän kautta miljoonia on varmaan tullut uskoon, on sanonut, että elämän tarkoitus on elämä pelastuksessa Jeesuksessa Kristuksessa. Juutalainen Anne Fried, joka myöskin kääntyi ateistista kristityksi on taas sanonut, **että ei tarvitse olla rikas tai omata jotain tärkeää yhteiskunnallista asemaa, riittää kun löytää oman elämänsä tarkoituksen.** Ja sitähän joutuu eri elämänvaiheissa etsimään sitä omaa paikkaansa.

Edelläkerrotut faktat Jumalan Sanasta rohkaiskoon sinua löytämään oma paikkasi Jumalan suunnitelmassa ja uudessa elämässä.

Uudestisyntymisen oikeastaan välitön vaikutus on se, että meidät vanhurskautetaan.

LUKU 7 VANHURSKAUTTAMINEN

1 AIHE: VANHURSKAUTTAMINEN

2 TEEMA: MITÄ VANHURSKAUTTAMINEN MERKITSEE

3 SANANKOHTA: 1 Kor. 1:30

4 VÄITE: Ihminen, joka uskoo Kristukseen, on vanhurskas

5 PÄÄOSA

6 LOPETUS: Jumala julistaa uskovan vanhurskaaksi

1 AIHE: VANHURSKAUTTAMINEN

2 TEEMA: MITÄ VANHURSKAUTTAMINEN MERKITSEE?

"Room. 8.37. `Mutta näissä kaikissa me saamme jalon voiton Hänen kauttansa, joka meitä on rakastanut.` Minulla on koko pyhyyteni ja väkevyyteni Kristuksessa. Tai koettaako perkele syyttää minua syntieni tähden? Oi, eihän minulla mitään sellaisiakaan ole. Nekin Kristus on ottanut. En tiedä mitään synnistä enkä pyhyydestä itsestäni. Tiedän vain Kristuksen vanhurskaudesta ja Jumalan voimasta."[53]

3 SANANKOHTA: " MUTTA HÄNESTÄ ON TEIDÄN OLEMISENNE KRISTUKSESSA JEESUKSESSA, JOKA ON TULLUT MEILLE VIISAUDEKSI JUMALALTA JA VANHURSKAUDEKSI JA PYHITYKSEKSI JA LUNASTUKSEKSI."

4 VÄITE: IHMINEN, JOKA USKOO KRISTUKSEEN ON VANHURSKAS

Jumalan Sana tekee selväksi, että armo Jeesuksessa Kristuksessa on ainoa lähde vanhurskauteen.

5 PÄÄOSA:

I PERIAATTEEN "IHMINEN, JOKA USKOO KRISTUKSEEN, ON VANHURSKAS" SELITYS

A. Sana "vanhurskas" = *tsadaq* hepr. olla suora, viaton, onnellinen, oikeudenmukainen "[54]

B. Miksi tämä on periaate, joka ohjaa Jumalan toimintaa?

---

[53] Arvid Hyden, *Armoa Armosta, s. 211*, (M. Luther) (Helsinki. Kirjapaino-osakeyhtiö Lause, 1945)
[54] Al Novak, *Hebrew Honey,* s. 221 (C & D International:Texas, 1987)

Daniel Pecota selittää meille vanhurskauden käsitettä, miten saadaan vanhurskaus:

a) Room. 3:24 -armosta Kristuksen lunastustyön tähden

b) Room. 3:28-uskon kautta ilman tekoja

c) Room. 3:30-uskossa uskon kautta

d) Room. 4:5 –usko Jumalaan

e) Room. 5:1-uskon kautta

f) Room. 5:9-Hänen veressään

g) Gal. 2:16-uskossa Kristukseen

h) Gal. 2:17-Kristuksen kautta

i) Gal. 3:8-uskon kautta

j) Gal. 3:24-uskossa

k) Titus 3:7-Hänen armostaan[55]

Paavali opettaa, että vanhurskaudella on kaksi näkökulmaa. (Room. 4)

"1. Positiivinen
vanhurskauttaminen - Jumala lukee

---

[55] Daniel Pecota, *Soteriology*, p.129,

vanhurskauden hyväkseni (Aabrahamin tapaus)

2. Negatiivinen vanhurskauttaminen – Jumala ei lue syntejäni minua vastaan (Daavidin tapaus)

Jumala antoi Daavidille anteeksi. (2 Samuel 12:1-15). Synnistä oli seuraukset kuitenkin (Vain Jumala tietää, mitä mistäkin seuraa?)

a. Lapsi kuoli b. Amnon raiskasi sisarpuolensa Taamarin c. Absalom, hänen veljensä murhasi Amnonin d. Absalom yritti syrjäyttää Daavidin valtaistuimelta ja tappaa hänet e. Absalom häpäisi Daavidin julkisella seksuaalisella moraalittomuudella f. Adonijah yritti vallankumousta g. Kaikki tämä toi häpeää Jumalan nimelle"[56]

Galatalaiskirjeessä (3:13) sanotaan: "Kristus on lunastanut meidät lain kirouksesta." Tämän sananpaikan syvyyttä ja merkitystä voi miettiä. Jos armahdus on armahdus, mihin

---

[56] Daniel Pecota, *Soteriology*, p. 130

sitten tarvitaan rangaistusta. Sananpaikka voidaan ymmärtää niin, että meidät vapautetaan synnin seurauksista. Tietenkään tämän ei tule johtaa huolimattomuuteen ja syntiin siinä mielessä, että meidät kuitenkin vapahdetaan synnin seuraamuksista. Jumalan pelko on viisautta.

Meillä on Kristukselta saatu lainavanhurskaus, ei oma vanhurskaus. Pyhä Henki vaikuttaa vanhurskauden teot.

"Se on kaiken vanhurskauden täyttämistä, kun hurskaana ei tahdo hurskas olla, toisin sanoen. kun tunnustaa olevansa syntinen, eikä luota hurskauteensa. Tämä on kaksinkertaista vanhurskautta, ihminen kun silloin on vanhurskas uskon kautta Kristukseen, mutta ei toiselta puolen lue itselleen mitään vanhurskautta, vaan paljastaa syntinsä ja saastaisuutensa, jollaisia me syntymästä saakka olemmekin, sillä synti piilee meidän lihassamme, kunnes se jälleen maaksi muuttuu."[57] Näin Luther ymmärtää.

---

[57] Yrjö Karilas, *Pelastuksen Päivä*, s.411, (Martti Luther, Saarnoja)

C. Miten tämä periaate toimii tämän raamatunkohdan yhteydessä?

D. Sovellus.

II TÄSTÄ PERIAATTEESTA ON ESIMERKKINÄ ROOM. 3:21

A. Asiayhteys: Roomalaiskirje on kirje vanhurskauttamisesta. Jae 3:11-20: "Ei ole ketään vanhurskasta, ei ainoatakaan, ei ole ketään ymmärtäväistä, ei ketään, joka etsii Jumalaa; kaikki ovat poikenneet pois, kaikki tyynni kelvottomiksi käyneet, ei ole ketään, joka tekee sitä, mikä hyvä on, ei yhden yhtäkään. heidän kurkkunsa on avoin hauta, kielellänsä he pettävät, kyykäärmeen myrkkyä on heidän huultensa alla., heidän suunsa on täynnä kirousta ja katkeruutta. heidän jalkansa ovat nopeat vuodattamaan verta, hävitys ja kurjuus on heidän teillänsä, ja rauhan teitä he eivät tunne. Ei ole Jumalan pelko heidän silmäinsä edessä. Mutta me tiedämme, että kaiken, minkä laki sanoo, sen se puhuu lain alaisille, että jokainen suu tukittaisiin ja koko maailma tulisi syylliseksi Jumalan edessä; sentähden ettei mikään liha tule hänen edessään vanhurskaaksi lain teoista; sillä lain kautta tulee synnintunto." Jae 3:21: "Mutta nyt Jumalan vanhurskaus, josta laki ja profeetat todistavat, on ilmoitettu ilman lakia." Jae 3:23-24: "Sillä kaikki ovat syntiä tehneet ja ovat Jumalan kirkkautta vailla ja saavat lahjaksi vanhurskauden hänen armostaan sen lunastuksen kautta, joka on Jeesuksessa Kristuksessa."

B. Selitystä vanhurskauttamisesta. Periaate *ihminen, joka uskoo Kristukseen, on vanhurskas* on kautta Roomalaiskirjeen johtava teema ja pelastuksen ydinasiaa.

C. Sovellus. Sinäkin saat turvata tähän Raamatun johtavaan periaatteeseen *ihminen, joka uskoo Kristukseen, on vanhurskas.*

III TÄSTÄ PERIAATTEESTA ON ESIMERKKINÄ EF. 2:1

A. ASIAYHTEYS: "Jumala on eläviksi tehnyt teidät, jotka olitte kuolleet rikkomuksiinne ja synteihinne." Ef. 2:1. Suhde jumalaan oli katki synnin tähden. Ihmistä kohtasi syyllisyys, tuomio ja ero Jumalasta. Vanhurskaus merkitsee tämän suhteen ennalleenasettamista. Kristuksen vanhurskaus luetaan meidän hyväksemme.

B. KOHDAN KERTOMINEN Joakim Lundqvist selitti puheessaan Livets Ordissa 06.09.2015, miksi olemme vanhurskaita. Hän kertoi, että kaksi asiaa muuttivat totaalisesti hänen elämänsä kristittynä: 1) kun hän sai Pyhän Hengen kasteen 2) kun hän vastaanotti opetuksen, mitä hän on Kristuksessa, vanhurskas Kristuksessa.

"1) vanhurskaita ARMOSTA (Ef. 2:8)

2) vanhurskaita tehdäksemme hyvää

3) vanhurskaita hallitaksemme (Room. 5:17)

4) vanhurskaita riemuitaksemme"[58]

Vanhurskaus tulee erottaa pyhityksestä, mistä luku myöhemmin.

" VANHURSKAUS | PYHITYS

Kristus meidän edestämme | Kristus meissä

a) asemamme | a) tilamme

b) suhde | b) ystävyys

c) rauhamme – Kristus puolestamme | c) puhtautemme –
Kristus meissä

d) ei asteita - tapahtuu hetkessä | d) tapahtuu asteittain-
progressiivinen"[59]

Roomalaiskatolista kirkkoa syytetään siitä, että se sekoittaa vanhurskauden ja pyhityksen; ikään kuin vanhurskaus tulisi pyhityksestä, eikä Kristukselta. Olen huomaavinani tämän ilmiön aina, kun omavanhurskaus hallitsee, ei siinä tarvitse sormella osoittaa jotain kirkkokuntaa. Jos ei olla

---

[58] Joakim Lundqvist, saarna 06.09.2015, Livets Ord, Uppsala
[59] Charles M. Horne, *Salvation,* s. 70 (Chicago:Moody Press, 1980)

uudestisynnytty tai muuten mennään lain alle armon omistamisen sijaan, ihminen alkaa elää ilman Kristuksen ja Pyhän Hengen ohjausta. Meillä voi olla kaikki ulkoinen rekvisiitta, Raamattu, raamattutunnit, virret, rukoukset ja silti Jumala ei ole läsnä Pyhässä Hengessä. Siksi Raamattu kehottaakin elämään Hengen uudistuksessa.

Katolinen de la Mothe Fenelon sanookin, että on paljon väärää hurskautta, ulkonaisia tekoja ja itsensäkidutusta. Jumalalle otollinen pyhitys on Jumalan tahtoon antautumista sillä ajalla, paikalla ja niissä oloissa, joihin Hän meidät asettaa.

C. SOVELLUS

> "Kristilliset opit valinnasta, vanhurskauttamisesta ja pyhityksestä ilmaisevat, että uskova on otettu pois vanhasta asemastaan ja asetettu uuteen suhteeseen Jumalan kanssa. Hänet on tehty osaksi Jumalan perhettä ikuisesti. Hänellä on tietyt oikeudet ja velvollisuudet. Kaikki hänen aikansa, omaisuutensa ja energiansa tulisi kristityksi tulemisen ajankohdasta lähtien tuoda Jumalan valvonnan alle.
>
> Meidät on adoptoitu Jumalan perheeseen. Tämä lapseussuhde ei ole rinnastettavissa Isän ja Pojan suhteeseen. Eikä se ole sama suhde

kuin mitä voidaan sanoa jokaisesta luodusta Jumalan luomistyön tähden.

Room. 8:15 ilmaisee tämän adoptiosuhteen. Martin Luther ei nimeä armonjärjestyskäsityksessään adoptio-oppia kuten muussa protestanttisessa pelastusopissa nimetään. Esimerkiksi Psalmi 23 on kaunis kuvaus Isästä, joka huolehtii lapsestaan.

Tämän vanhurskauttamisen ja lapseksiottamisen seurauksena saamme tulla rohkeasti Jumalan eteen. (Hepr. 4:14-16)

Uskova tulee lisääntyvästi Kristuksen kaltaiseksi kunnes meidät kirkastetaan (1 Joh.3:1-2)

Uskova on Jumalan perillinen ja Kristuksen kanssaperillinen. (Room. 8:17)"[60]

6. LOPETUS

"Ajatus vanhurskauttamisesta ja juridisesta mallista ei ole ollut muodissa aikanamme. Arvellaan, että tulee liian mekaaninen asenne pelastukseen ja Jumalan ja ihmisen suhteeseen. Mutta

---

[60] Charles M. Horne, *Salvation, s.77* (Chicago:Moody Press, 1980)

vanhurskauttamisella on ratkaiseva merkitys pelastusvarmuuteen ja pelastuksemme perustaan. Vanhurskauttaminen osoittaa, että pelastuksemme ei perustu omiin tekoihini ja minun kykyyni olla hyvä kristitty.

Vanhurskauttaminen uskon kautta oli pääsanoma 1500-luvun reformaatiossa. Jumala toimii vanhurskauttamisessa Jeesuksen Kristuksen kautta. Se, mitä Jumala on tehnyt Jeesuksessa Kristuksessa ristillä, on perustus pelastusvarmuuteemme, varmuuteemme ikuisesta elämästä ja perusta yhteyteemme Jumalan kanssa."[61]

Meidät julistetaan armosta vanhurskaiksi kertakaikkisesti ja lopullisesti, kun uskomme Kristukseen pelastajanamme ja Jumalan Sana kehottaa meitä pysymään pelastuksessa. Tämä ei tarkoita universaalista pelastusta, mikä tarkoittaa, että kaikki ihmiset loppujen lopuksi pelastuisivat.

---

[61] Stefan Swärd, *Inte utan Korset,* 64 (Falun:Scandbook, 2015)

"Tämä on kristittyjen vanhurskaus Jumalan edessä, että Kristus menee Isän luokse, se on, kärsii ja ylösnousee meidän edestämme ja sovittaa meidät isän kanssa. ja se on vieras vanhurskaus, jota me emme ole tehneet tai ansainneet, vaan joka on meille luettu, että Hän olisi meidän vanhurskautemme, jonka kautta me olemme Jumalalle otollisia ja Hänen rakkaita lapsiaan ja perillislään."[62]

Erittäin hyvän saarnan vanhurskauttamisesta piti 6.12.2015 Stefan Forsbäck Turun kv. metodistiseurakunnassa. Se löytyy seurakunnan arkistoista. Hän sanoi, että vanhurskauttamisesta on väärää opetusta niin, että Jumala näkee meidät Kristuksen kautta ja Hän katsoisi jotenkin läpi sormien syntejämme. Me olemme tosiasiassa uusia luomuksia Kristuksessa ja meillä on uusi asema – vanhurskaina Kristuksessa. Emme ole syntisiä, emme jää syntiin, Jumala puhdistaa synnistä. Room. 8:1.

Kristuksen vanhurskauttamina voimme alkaa vaeltaa uskossa Kristuksen ollessa pyhityksemme.

---

[62] M. Luther, 235, (Arvid Hyden Armoa Armosta, 1945) (Helsinki:Kirjapaino-osakeyhtiö Lause, 1945)

LUKU 8 PYHITYS

1 AIHE: PYHITYS

2 TEEMA: VALAISTAAN ESIMERKEIN; MITÄ PYHITYS ON

3 VÄITE: PYHITYS TULEE KRISTUKSELTA

4 SANANKOHTA: GAL. 5:16-26

5 PÄÄOSA

6 LOPETUS

1 AIHE: PYHITYS

2 TEEMA: VALAISTAAN ESIMERKEIN, MITÄ PYHITYS ON

"Pysykää Minussa, ja Minä pysyn teissä. Kuten oksa ei voi kantaa hedelmää itsessään, ellei se pysy viinipuussa; niin ette te, jollette pysy Minussa. Joh. 15:4"

"Nämä kuuluisat sanat muistuttavat meitä siitä, että se on Jumala, joka on asettanut meidät Kristukseen. Me olemme siinä ja meidän tulee pysyä siinä. Se oli Jumalan oma teko ja meidän on pysyminen siinä. `Pysy Minussa ja Minä sinussa.` Tämä on kaksoislause: käsky ja lupaus. Tässä on objektiivinen ja subjektiivinen puoli Jumalan työstä. Subjektiivinen puoli riippuu objektiivisesta: `Minä sinussa` riippuu Hänessä pysymisestä. Meidän täytyy varoa, ettemme ole yliahdistuneita asian subjektiivisesta puolesta, kuten oksa viinipuussa yrittäisi tuottaa määrätyn värisiä hedelmiä. Meidän tulee "pysykää aina viinipuussa."[63]

Pyhityksessä on kysymys maallisesta elämästämme ja se on *ORDO SALUTIKSEN* eli armonjärjestyksen tärkeä osa. Pyhityksen ja vanhurskauttamisen suhdetta on jo aiemmin pohdittu. Raamatullisen etiikan pohja on vanhurskauttamisessamme, pelastuksessamme armosta. Hyvät työt eivät tee hyvää ihmistä, mutta `hyvä ihminen` tekee hyviä tekoja. Vanhurskaus on lahja, pyhitys on velvollisuus. Kristus on pyhityksemme. Jokaisen uskovan velvollisuus on pysyä Kristuksessa alinomaa. Jumalan Pyhä Henki vaikuttaa hyvät teot.

3 VÄITE: Pyhitys tulee Kristukselta

4 SANANKOHTA: Gal. 5:16-26 "Minä sanon: vaeltakaa Hengessä, niin ette toteuta lihan himoa. Liha himoitsee

---

[63] Watchman Nee, *A Table in the Wilderness*, (Great Britain:Kingsway Publications, 1983)

Henkeä vastaan ja Henki lihaa vastaan. Ne ovat toisiaan vastaan, niin ettette tee sitä, mitä tahdotte. Mutta jos Henki johdattaa teitä, ette ole lain alaisia. Lihan teot ovat ilmeisiä. Niitä ovat haureus, saastaisuus, irstaus, epäjumalien palveleminen, noituus, vihamielisyydet, riita, kiivaus, vihat, juonittelut, eripuraisuudet, harhaopit, kateus, juomingit, mässäily ja muut sellaiset. Sanon teille etukäteen, kuten ennenkin olen sanonut, että ne, jotka tällaista tekevät, eivät peri Jumalan valtakuntaa. Mutta hengen hedelmä on rakkaus ilo, rauha, pitkämielisyys, ystävällisyys, hyvyys, uskollisuus, sävyisyys, itsehillintä. Näitä vastaan ei ole laki. Ne, jotka ovat Kristuksen Jeesuksen omia, ovat ristiinnaulinneet lihansa himoineen ja haluineen. Jos me Hengessä elämme, vaeltakaamme myös Hengessä. Älkäämme tavoitelko turhaa kunniaa, ärsytellen ja kadehtien toisiamme."

5 PÄÄOSA

I PERIAATTEEN *"VAELTAKAA HENGESSÄ, NIIN ETTE TÄYTÄ LIHAN HIMOA"* SELITYSTÄ

Pyhityksen merkityksestä

Perusmerkitys sanalle *"pyhä"* tarkoittaa erotettua, antautunutta, keskittynyttä. *Qadash* hepr., sana, mitä käytetään teksteissä, merkitsee pyhitystä ja majesteettista puhtautta. ks. 2 Moos. 29:21, Room. 12:1,2, Lev. 22:32, 2 Moos. 29:43. Vielä Joel 1:14, 2 Moos. 13:2, Jeremia 1:5.[64]

Tulee tehdä ero Jumalan *majesteetillisen pyhyyden* ja ihmisen *eettisen* pyhyyden välillä. Majesteetillisesta pyhyydestä voimme lukea 2 Moos. 15:11, Jesaja 40:26, 57:15. Jumalaa ei voida verrata luotuihin. Eettinen pyhyys merkitsee Jumalaa erossa synnistä. Jumala ei tee kompromissia synnin kanssa. Hänen täytyy vaatia moraalilakiensa pitämistä ja jokaisen, joka on tekemisissä Hänen kanssaan, tulee olla puhdas ajatuksissa, sanoissa ja teoissa. (Hepr. 1:12) Pyhän Jumalan kohtaamisen tulisi vaikuttaa synnintunnon ihmisessä. Jumalan eettisen pyhyyden ymmärtäminen on perustana pyhitykselle. Pyhitys voidaan määritellä "vapaaksi Jumalan armotyöksi, missä meitä uudistetaan Jumalan kuvan jälkeen ja missä meitä tehdään enemmän ja enemmän kykeneviksi kuolemaan synnille ja elämään vanhurskauden mukaan."

Paavali sanoo 1 Tess. 5:23 että Jumala pyhittäisi tessalonikalaiset kokonaan. Siis pyhittäjä on Jumalan Pyhä Henki. Eli ei pyhitys ollutkaan meidän oma suoritus, suostumme vaan Pyhän Hengen johtoon! Tähän perustuu se, kun näemme alkoholisteista tulevan raittiita, riitaisa pariskunta rauhoittuu, varkaasta tulee antaja,

---

[64] Lähteenä käytetty Al Novak, *Hebrew Honey*, (Houston:J.Countryman Publishers, 1987)

vallanhimoisesta siedettävä. Jumala pitää meidät tahrattomina hamaan Paruusiaan.[65]

Kiusaukset tulevat. Kun pohditaan pyhityksen olemusta, joku sanoi, että ei tule taistella muuta kuin sellaista syntiä vastaan, mikä on anteeksiannettu. Silloin taistelemme Kristuksen voimalla, emmekä omalla voimallamme. Kristuksessa on voima ja elämä voittamaan kaikki viholliset.

II PERIAATETTA VALAISEVA ESIMERKKI (EF. 4:22-24) "...että teidän tulee panna pois vanha ihmisenne, jonka mukaan te ennen vaelsitte ja joka turmelee itsensä petollisia himoja seuraten ja uudistua mielenne hengeltä ja pukea päällenne uusi ihminen, joka jumalan mukaan on luotu totuuden vanhurskauteen ja pyhyyteen."

Pyhityksen luonteesta ja välineistä

Pyhitys ei merkitse jotain pelkkää ulkonaista lain noudattamista, kuten fariseuksilla. Ihminen voi olla ympäristön vuoksi vailla sen pahempaa syntielämää ja silti elää ulkopuolella pyhityksen. Juudas Iskariot oli apostolin tehtävässä ja saarnamies ja silti ei ollut "pyhä". Ihmisellä voi olla lahjoja ja virka ilman pyhitystä. Ihminen voi jopa Jeesuksen nimessä tehdä ihmeitä, ja silti Jeesus antaa tuomion, "menkää pois minun tyköäni, te vääryyden tekijät".

---

[65] Lähteenä käytetty Charles M. Horne *Salvation,* (Chicago:Moody Press, 1980)

Tulee "hylätä vanha ihminen ja pukea ylle uusi ihminen". Vanha ihminen on korruptoitunut vanha luonto, minkä kanssa jokainen syntyy maailmaan. Se ei tuhoudu, mutta se asetetaan kontrolliin, ristiinnaulitaan. Uusi ihminen, uusi luomus, on Hengen voima, mikä saadaan, kun turvaudutaan jatkuvasti Kristukseen ja tehdään Hengen mukaisia valintoja. Jumalaa palvellaan Hengen voimassa, Pyhän Hengen täyteydessä. Vastakkain ovat saatana synti, itsekkyys ja Jumala, vanhurskaus ja epäitsekkyys.

Pyhitys ei merkitse synnin ruumiin lakkaamista pyhitetyssä. Jumalan armon avulla kristitty ei jää elämään synnissä kuitenkaan. Joakim Lundqvist Livets Ordista mainitsi saarnassaan 20.09.2015 vanhat totuudet, mitkä vievät pyhityselämään: 1. Raamattu 2. Rukous ja palvonta 3. Coinonia 4. Sydän lähimmäisille [66].

Pyhitys merkitsee tulemista Kristuksen luokse Hänen puhdistettavakseen. "Jos me tunnustamme syntimme, on Hän uskollinen ja vanhurskas, ja antaa syntimme anteeksi ja puhdistaa meidät kaikesta vääryydestä." (1 Joh. 1:9) Pyhityselämä sisältää alamaisuutemme Kristukselle. Matt. 17:24 kehottaa ottamaan ristinsä joka päivä ja seuraamaan Kristusta. Kristuksen avulla uskovan elämässä näkyy Hengen hedelmä: rakkaus, ilo, rauha, pitkämielisyys, lempeys, hyvyys, uskollisuus, itsensähillitseminen. Kuten oksa ei itsessään tuota

---

[66] Joakim Lundqvist, Livets Ord, saarna, 20.09.2015

hedelmää, vaan pysymällä rungossa, hedelmä syntyy, samoin uskovan elämän kaikki hyvä vaikutus on tulosta Kristuksessa pysymisestä.

1 Tess. 5:23 "Mutta itse rauhan Jumala pyhittäköön teidät kokonansa, ja säilyköön koko teidän henkenne ja sielunne ja ruumiinne nuhteettomana meidän Herramme Jeesuksen Kristuksen tulemukseen."

Kolmiyhteinen Jumala on pyhittäjä. Jumalan hyvä tahto on pyhittää meidät. (1 Tess. 4:3) Saarnaviran ja muidenkin palveluvirkojen tehtävä seurakunnassa on aikaansaada hengellistä kasvua. Myös kirjoitettu Sana ja ehtoollinen ja kristilliset ohjelmat mediassa ovat Jumalan antamia välikappaleita.

Yksi näkökulma vielä pyhitykseen. Puhumme kokoaikaisista työntekijöistä ja toisaalta maallikoista. 1 Kor. 1:1-2 sanoo kuitenkin **kaikkien uskovien** ja Kristukseen turvaavien olevan pyhitettyjä. [67]

III PERIAATETTA VALAISEE 1 Tess. 4 "Sillä tämä on Jumalan tahto teidän pyhityksenne, että kartatte haureutta. Sillä ettei kukaan sorra veljeänsä eikä tuota hänelle vahinkoa missään asiassa, sillä Herra on tämän kaiken tämän kostaja.
..Veljellisestä rakkaudesta ei ole tarpeen teille

---

[67] Tässä luvussa lähteeni on ollut Charles M. Horne, *Salvation*, (Chicago:Moody Press)

kirjoittaa...Että elätte hiljaisuudessa ja toimitatte omia tehtäviänne ja teette työtä käsillänne.."

Pyhitystä voidaan tarkastella kolmesta näkökulmasta.

1) menneisyydessä/asemamme/lahja saadaan hetkessä/ 1 Kor. 6:11 "Ja tuommoisia te olitte, jotkut teistä; mutta te olette vastaanottaneet peson, te olette pyhitetyt, te olette vanhurskautetut meidän Herramme Jeesuksen Kristuksen nimessä ja meidän Jumalamme Hengessä."

2) nykyisyydessä/koettu asema/etenevä prosessi/ 1 Piet. 1:15-16 "Vaan sen Pyhän mukaan, joka on teidät kutsunut, tulkaa tekin kaikessa vaelluksessanne pyhiksi. Sillä kirjoitettu on: Olkaa pyhät, sillä minä olen pyhä."

Kun Pyhä Henki on pyhittäjä, niin saamme rukoilla Pyhän Hengen täyteyttä. Tämä saattaa olla täysin vieras termi joissakin hengellisissä joukoissa. Pyhitys ja Pyhä Henki kuuluvat yhteen. Olin 2013 Livets Ordin Eurooppakonferenssissa, missä sain kuulla John ja Lisa Beveren puheita. Heillä on maailmanlaajuinen palvelutyö. John Bevere kirjoittaa mielenkiintoisesti, puhuessaan Jumalan läsnäolosta:

> "Älyllinen suhde Jumalaan on mekaaninen ja hengetön. Meidät on luotu olemaan Hänen kanssaan todellisesti, ei vain teoriassa. Ennen

kuin me koemme tämän täyttymyksen,
me emme koskaan koe tyydytystä.
Jeesus kuoli poistaakseen väliverhon,
joka erotti meidät Jumalan läsnäolosta.
"68

3) tulevaisuudessa/täydellinen asema/pyhitys huipussaan/ 1 Joh. 3:2 "Rakkaani, nyt me olemme Jumalan lapsia, eikä vielä ole käynyt ilmi, mitä meistä tulee. Me tiedämme tulevamme hänen kaltaisikseen, kun hän ilmestyy, sillä me saamme nähdä Hänet sellaisena, kun Hän on."[69]

Kun pyhitys teemaa käsitellään, tulee mieleen Jeesuksessa ja pelastuksessa pysyminen. Matteuksen 13 luvussa on kylväjävertaus. Eivät kaikki, jotka kuulevat Sanan, pysy uskossa ja tuota hedelmää. Jeesus itse armossaan selittää tämän vertauksen. Suurin aarteemme on Jumalan Sana ja Jumalan pelko. "Jos joku ei pysy minussa, niin hänet heitetään pois kuin oksa, ja hän kuivettuu, ja ne kootaan yhteen ja heitetään tuleen, ja ne palavat." (Joh. 15:6) Kol. 1:23 "Jos te vain pysytte uskossa... "

Kysymys pelastusvarmuudesta ja pelastuksessa pysymisestä ratkeaa vain uskon ja rukouksen kautta Kristuksen ollessa

---

[68] John Bevere, *Lähestykää Jumalaa,* s.63 (Jyväskylä:Gummerus Oy, 2005)
[69] sama kuin ed.

lahjan antaja. Kristus on esirukoilijamme. (Hebr. 7:25) Pelastus on AIVAN varma, kun emme itse tahdo siitä luopua.

Predestinaatio-oppi eli oppi ennaltamääräämisestä pelastukseen ei tulisi ahdistaa ketään. Ketään ei ole tuomittu etukäteen kadotukseen. Jumala ennaltanäki, kuka tulee pelastukseen ja pysyy siinä. Meille on annettu tänäpäivänä rikas kristillinen työkaluvarasto olla uskossa, Raamattu, rukous, coinonia, palvelutehtävät. Meidän tulee asettaa Jumala ykköseksi uskoontultuamme, mikä ehkä onkin suuri taistelukenttä.

Meidät riisutaan itseluottamuksesta, kuten Pietari, joka kielsi Jeesuksen. Pyhä Henki on voimallinen viemään meidät perille.

Jori Brander, teologi ja pastori selkeyttää kuvaa pelastuksessa pysymisestä (saarna 25.11.2012). John Wesley on opettanut, että on olemassa seuraavat *armonvälineet* (Suomessa käsitetään Sana ja sakramentit sellaisiksi). Jotta säilyttäisimme pelastavan uskon, Wesley antaa seuraavat ohjeet:

1) vältä vääryyttä

2) tee hyvää

3) stay in love = säilytä armonyhteys

Tämä armonyhteys säilytetään Jumalan antamien seuraavien *armonvälineiden* avulla:

a) jumalanpalvelus

b) ehtoollinen

c) rukous yksin ja yhdessä

d) paasto

e) kirjoitusten tutkiminen

Armonvälineissä Jumala tulee lähelle. Täytyy muistaa, että Pyhä Henki on uskon alkaja, Hän myös pitää huolen meistä; itse väsyisimme matkalle. Meidän tulee vaan olla avoimia Hänen työlleen.

Voimme pohtia lain ja evankeliumin suhdetta.

"Niin paljon läntisen maailman kristillisyydestä liberaaliteologisine leimoineen, on päätynyt sosiaalieettiseen kristillisyyteen, joka lähinnä rakentuu hyville teoille. Taistelu hyvän ympäristön puolesta, taistelu sortoa vastaan kaikissa sen muodoissa, rasismin vastustus, on taistelun kärjessä. Kaikki tämä on hyvä, mutta ei riittävästi pelastaakseen meidät, meistä ei tule koskaan riittävän hyviä voidaksemme elää Jumalan standardien mukaan. Konservatiivisemmille kristityille tulee toiset kysymykset tärkeiksi, kuten taistelu perheen puolesta ja taistelu syntymättömän elämän puolesta.

Ajattelen, että kun tällaisesta tulee pelastuksen tie – tai kun siitä tulee fokus– olemme taas lain alla. Lain vaatimukseksi tulee, että meidän sanomassamme tulee olla hyviä ja armahtavaisia, ajatella köyhiä tukea heikkoja – kaikkea, meidän tulee tehdä, mutta ei se pelasta ketään meitä.

Käytetään voimakasta vetovoimaa tehdä tänäpäivänä kristillinen usko suosituksi ja ajankohtaiseksi, ja sillä on usein tämä näkökulma. Fokus on kaikessa meidän hyvissä teoissamme, mutta ristin sanoma, että olemme syntisiä, jotka olemme luopuneet Jumalasta, ja että emme itse voi pelastaa itseämme – se on jäänyt pimentoon.

Emme voi tehdä tätä maailmaa paremmaksi, kuinka paljon tahansa annamme Punaiselle Ristille, Luonnonsuojeluliittoon. Kuinka paljon tahansa yritämme antaa Pelastakaa

Lapset ry:lle, kuinka paljon tahansa edistämme hyvää kristillistä etiikkaa – siitä tulee lain tie, jos emme saarnaa ristin sanomaa pelastuksesta uskon kautta Jeesukseen Kristukseen."[70]

Watchman Neetä lainatakseni kun olen Kristuksessa, Jumalan moraalilait eivät ole muuttuneet. Se vaan ei ole enää minä, joka ne (lait) kohtaa. Ylistys Jumalalle, Hän, joka on antanut Lain Valtaistuimella, on nyt lainpitäjä sydämessäni. Kristus minussa pitää lait, Kristus on pyhitykseni. Katsomme Kristukseen pelastuaksemme, pyhittyäksemme, säilyäksemme uskossa. Usko Kristukseen muuttuu näkemiseksi ajan rajan tuolla puolen.

6 LOPETUS:

Kristillisessä kirkossa tunnetaan vanhastaan luterilainen, armenialainen sekä reformoitu ymmärrys pelastusopista eli *ordo salutiksesta*. Jumala on järjestyksen Jumala eikä hämmennyksen. Toivottavasti löytyy nöyryyttä ja sananlukuhartautta, että opetuslapset löydämme keskinäisen yhteyden entistä enemmän. Varmasti on hyvä oppia Raamattua sekä totella Jumalaa senjälkeen kun on saanut uskon; silloin rakentaa kalliolle. Jeesus Kristus on tie, se miten

---

[70] Stefan Swärd, *Inte utan Korset*, 67 (Falun:**Scandbook AB, 2015**)

Jumala on johtamassa itse kunkin pelastuksessa, vaihtelee suuresti. Eri kirkkokunnat katsovat historiallisesti eri aspektista pelastusopissa. Kuitenkin kirkkokunnat, joissa sama Kolmiyhteinen Jumala uskontunnustusten mukaan, ovat kirkkoja; riippuu sitten yksilöstä, onko henkilökohtainen Kristus-suhde olemassa. Tänä päivänä mitä enemmän tutustuu itse Raamatun sisältöön, huomaa, että ihmisten tekemät rajat häipyvät. Ja selkeytyy myös raja valistuksenajan gnostilaiseen liberaaliteologiaan, mikä on oma tapansa lähestyä Jumalan Sanaa ja on leimannut teologiaa viime vuosisadat.

Kuuntelin Patmosradiosta 2015 lokakuussa Risto Santalan, edesmenneen raamatunopettajan puhetta. Hän tiivisti pelastusopin taitavasti muutamaan sanaan. Ensimmäinen askel pelastukseen on:

        1) parannus on tehty/Pyhä Henki asuu minussa

        2) kun minut on armahdettu, alan osoittaa armoa toisia kohtaan eli elämme Kristukselle, emmekä itsellemme (hyvät teot tulisi tehdä salaa, ne tehdään rauhan säilyttämiseksi; sairaat, muukalaiset, lesket, orvot)

Risto Santalan kirjat ovat muuten nykyisille Israelin messiaanisille (n. 20 000 henkilöä) hengellinen auktoriteetti, kun tulkitsevat Raamattua.

Toisen suomalaisen Urho Muroman tiivistelmä pelastuksen tiestä (Pelastuksen Päivä, Yrjö Karilas, s 460)

1) Älä väsy alkamasta uutta parannusta taas tänä päivänä

2) Älä väsy uskomasta syntien anteeksiantamukseen

3) Kaikki veren alle

4) Älä väsy kilvoittelemasta pyhityksen tiellä

5) Älä väsy rukoilemasta ja odottamasta

6) Pyri vain syvemmin tuntemaan omaa avuttomuuttasi ja käsittämään yksin Kristus pyhitykseksesi

Ja vielä yksi luettelo, mikä auttaa säilyttämään uskon. Morris Cerullo, Jumalan profeetta, messiaaninen juutalainen kertoo kirjassaan Jumalan vastustajan saatanan toimintatavasta:

1) Hän tahtoo saada sinut epäilemään Jumalaa ja Hänen Sanaansa

2) Hän tahtoo sinut saada kapinoimaan Jumalaa vastaan

3) Hän tahtoo sinut saada kääntymään pois Jumalasta

4) Hän tahtoo varastaa jumalanpelon sydämestäsi

5) Hän tahtoo sinun hylkäävän Jumalan äänen ja Hänen Sanansa

6) Hän tahtoo sinun pelkäävän ihmistä enemmän kuin Jumalaa

7) Hän tahtoo sinun hylkäävän Jumalan tahdon ja seuraavan omaa tahtoasi

8) Hän tahtoo saada sinut tekemään kompromisseja sen suhteen, mitä Jumala on puhunut

Pyhitys on laaja koko elämän kattava alue. Varsinkin uusissa kristittyjen ryhmässä on uusi liturgia. On ylistystä ja palvontaa. Siihenkin tulee ottaa Raamatusta ohjeet. Esimerkiksi palvonta tulee nähdä kokonaisuutena eli se on *elämää kuuliaisuudessa*. (John Bevere) "Vie pois minun edestäni virttesi pauhina, en tahdo kuulla sinun harppujesi soittoa. Mutta oikeus virratkoon kuin vesi ja vanhurskaus niin kuin ehtymätön puro". (Aamos 5:23-24) Ja pyhityshän eletään Herran voimassa, uskova kantaa ristinsä Herran voimassa, risti ei ole liian raskas. Tulee ymmärtää, mitä risti on. Joskus käsitetään Jumalan kuritus tai sielunvihollisen hyökkäys ristiksi. Risti on Jumalan antamaa.

Jeesuksen risti on uskovan risti, saamme voiman. Kaikki, mihin Jumala vie, Hän antaa voiman. Jos valitsemme jonkin muun, kuin Jumalan tahdon, siihen emme saa Jumalan voimaa Jeesuksen rististä. Joskus joku muu kuin Jumalan tahdon tie

NÄYTTÄÄ helpommalta; mutta käytännössä ei ole sitä, koska Jumala ei lähde siihen mukaan. Risti on symboli siitä, kun minun ja Jumalan tahto ovat eri, menevät ristiin; minä saan valita Jumalan tahdon ja ristiinnaulita oman lihallisen tahtoni. Ristin kantaminen merkitsee väärien ihmissuhteiden kieltämistä, väärien riippuvuuksien, halujen kieltämistä, Jumalan tottelemista vaikeissakin ihmissuhteissa. Koska Kristus on pyhityksemme, saamme voiman valita oikein, "Jumala vaikuttaa tahtomisen ja tekemisen".

"Rakkaus on uskon kädet, jotka auttavat lähimmästä, uskon jalat, jotka rientävät apuun, uskon silmät, jotka näkevät tarpeen." (Jan Blom, Livets Ord 23.08.2015,YouTube) Usko vaikuttaa rakkaudessa ja anteeksiantamuksessa.

Lopuksi 22 itsetutkistelun aihetta Airut-lehdestä marraskuu 2015 n:o 11:

John Wesley :

1. Olenko tietoisesti tai tietämättäni luomassa itsestäni vaikutelmaa, että olen parempi kuin tosiasiassa olen?

2. Olenko rehellinen kaikissa toimissani ja sanoissani?

3. Petänkö ystävien luottamuksen?

4. Kerronko toisille sellaista, mikä on minulle uskottu?

5. Olenko pukeutumisen, ystävien, työn tai tapojen orja?

6. Korostanko itseäni, säälinkö itseäni?

7. Elääkö Raamattu minulle tänään?

8. Annanko sille aikaa puhua itselleni joka

"Nykyisin on Lutherin usko useimmilla ainoastaan päässä, vaan ei sydämessä. Heillä ei ole sellaisia kokemuksia kuin Lutherilla, he eivät ole kokeneet armonjärjestystä sydämessä, vaan ainoastaan paperilla. Sentähden he eivät tiedä mitään herätyksestä, kääntymisestä eivätkä uudestisyntymisestä, mutta pyhitysoppia he julistavat kaikella voimalla, ei itsensä tähden, vaan toisten kristittyjen tähden. Vähät siitä, kuinka he itse elävät, he väittävät, että heillä on oikeus pitää oma vapautensa, nimittäin se vapaus, jonka tämän maailman jumala on heille antanut. Ja missä on sitten tämä vapaus? Se on juuri hengellisessä orjuudessa. Profeetta sanoo: Herra heittää kaikki meidän syntimme meren syvyyteen. Ja tämän armolupauksen omistavat nyt itselleen kaikki armonvarkaat. He arvelevat, että Jumala on heittänyt kaikki heidän syntinsä meren syvyyteen. Mutta juuri tämän maailman jumala on heittänyt heidän syntinsä unhotuksen virtaan. He eivät koskaan muista syntejänsä. He eivät koskaan ajattele entistä elämäänsä. Heistä tuntuu aivan kuin Jumala olisi ne unhottanut siitä syystä, että he itse ovat ne unhottaneet. he eivät koskaan sano nähneensä Vapahtajaa missään hädässä, ja kuitenkin Hän tuomitsee heidät niistä rikoksista, joita he eivät koskaan tiedä tehneensä. profeetta tarkoittaa sanoillaan katuvaisia, parannukseen kääntyneitä ja murheellisia. Mutta murheellisia on nykyään harvassa.

Kuinka on nyt teidän laitanne, te murheelliset Jeesuksen opetuslapset? Uskotteko, että Herra tahtoo armahtaa teitä? Jos tahdotte tulla autuaiksi, niin täytyy teidän uskoa, että Herra on heittänyt teidän syntinne meren syvyyteen. Sellaisen uskon opetuslapset saivat helluntaina, kun he saivat Pyhän Hengen."

L.L. Laestadius, Kolmas Postilla

Muutamia sanoja uskonnollisuuden tunnistamisesta Dereck Princen mukaan:

1) teologia korvaa ilmestyksen

2) koulutus korvaa luonteen muuttumisen

3) ohjelma korvaa Pyhän Hengen

4) kaunopuheisuus korvaa yliluonnollisen

5) järkeily korvaa uskossa vaeltamisen

6) lakihenkisyys korvaa rakkauden

7) psykologia korvaa pelastuksen

Isäni Erkki Salon säveltämä ja sanoittama rukousvirsi Vain Köyhä Syntinen

Sä kävit ristin vaivaan, oi Jeesus tähteni.

Tien aukaisit Sä taivaan mun autuudekseni

Suuresta armostasi.

Sä Herra etsit mun, saan tähden kuolemasi, iäti olla Sun.

Rukoillen tulis siksi nyt valvoa mun ain.

Niin että valmihiksi sais työsi kohdaltain.

Tie mainen vaellusta on harvoin riemuiten.

Useimmin ahdistusta ja aikaa kyynelten.

Oi Jeesus tahtoasi on halu tehdä mun.

Kirkasta armoasi, valoa loistaa Sun.

Vaan usein turhaks jääpi niin moni aie työ,

Kun tietä himmentääpi monesti usva yö.

Sä valvovaista mieltä suo, Jeesus armossas

Niin ettei eksy tieltä, sun heikko seuraajas.

Sä alas maahan paina, tee nöyräks sydämen.

Mä että oisin aina

Vain köyhä syntinen.

On tärkeä tunnistaa ja olla rehellinen, mitä ihmisenä itsessämme olemme. Ei tarvitse kuitenkaan tuijottaa itseensä. Saamme uskoa Kristukseen ja omata uusi identiteetti Jumalan lapsina, Kristuksessa pyhinä, armon varassa elävinä ja ihmetellä lunastustyön suuruutta kaiken ikämme. Ja ylistää Häntä.

LUKU 9 TAIZE-MESSUSSA JA MUUAALLAKIN

Iloitsen, jos Herran kohtaaminen on tehty yksinkertaiseksi. Taize-messussa (lähtöisin Ranskasta veli Rogerin aikanaan perustamasta yhteisöstä) on jumalanpalveluksen elementit, sananluku, rukous, synnintunnustus, lyhyet hymnit. Messu kokoaa eri seurakuntien ihmisiä. Ihminen ei ole pääosassa. Aika tuntuu seisahtuvan. Kirkon katto kohoaa huimiin korkeuksiin, olen St. Patrickin kirkossa Dublinissa. Uskova ja seurakunta on Jumalan Hengen temppeli eikä rakennukset UT:ssa.

Joku soittaa viulusoolon, hymnit ovat samoja kuin mitä Suomessa messussa. Ruskeaviittaisia munkkeja palvelee, samoin maallikkoja. On rauhallista. Jokainen halukas voi löytää paikkansa messun suorittamisessa. Alkuseurakuntakaan ei varmasti ollut joku passiivinen kuulijakunta.

Jaak. 5:13-16. On raamatullista tunnustaa synnit, rukoilla sairasten puolesta. Erittäin tärkeä raamatunkohta tämä.

Ohjelmanumerot ovat lyhyitä. Teehetken jälkeen, jossa hyviä kohtaamisia, voin poistua virkistyneenä. Vanhat kirkkokunnat voivat uudistua, uusilla seurakunnilla, myös kotiseurakunnilla on tehtävää.

Miten kiteyttäisin sen, mitä Raamattu on antanut?

Tie on kaita. Ei vain niin, että älä tee sitä ja tätä. Vaan niin, että Kristus on tie. Rakkauden tie, jolla saa pysyä. Oikealla puolella on synnin tie, vasemmalla puolella kaitaa tietä omavanhurskauden tie, suoritus omin voimin.

Kristus on punainen lanka halki Raamatun. Vanhassa Testamentissa lupauksia Kristuksesta, joka syntyi, kun aika täyttyi.

Luen yleensä myös uskontunnustuksen ja Isä Meidän rukouksen päivittäin. Päivittäinen hartaus ei ole lain alla olemista, vaan tarpeellista itsekuria, yhtä tarpeellista kuin hengitys.

LÄHTEET

Bevere, J., Lähestykää Jumalaa

Bonhoeffer, D.

Brander, J., Saarna

Bunyan, ., Kristityn Vaellus

Calvin, J., Institutes of the Christian Religion

Cameron, E., The European Reformation

Cerullo, M.

Chan, S., Man and Sin

Cole, E. L., Communication, sex & money

Expository Preaching, Global University

Ferguson, D., S., Biblical Hermeneutics

Freligh, H., M., Newborn

Hattigh, S.

Horne, C., M., Salvation

Karilas, Y., Pelastuksen Päivä

Klein, W., W., Blomberg,C., L., Hubbard, R., L., Introduction to Biblical Interpretation

Laestadius, L., L., Saarnat III

Lewis, C., S., Essay Collection and Other Short Pieces

Lewis, C., S., Christian Reflections

Loughlin, P., O., Saarna

Lundqvist, J., Saarna

Luther, M., Minä Tunnustin Syntini

Manley, G., T., The New Bible Handbook

Müller, Y., Vapauta Rukouksen Voima

Mäkeläinen, J., Armon Välähdyksiä

Nee, W., A Table in the Wilderness

Novak, A., Hebrew Honey

Nunnally, W., The Book of the Acts

Pecota, D., Soteriolgy

Petrus, L., Gud med Oss

Prince, D., Saarna Tv7

Rienecke, G., Rogers, C., Linguistic Key to the Greek Testament

Salo, A., Herätyksen Ajoilta

Salo, E., Laulu

Stein, R.,H., A Basic Guide to Interpreting to the Bible

Swärd, S., Inte Utan Korset

Wright, N., T., The New Testament and the People of God

Zuck, R., B.

Ylösnoussut Herra Jeesus Kristus. Kiitos kun olet kuollut puolestani ristillä. Anna kaikki syntini anteeksi ja tule sydämeeni nyt. Otan vastaan Sinut pelastajana. Kiitos Isä pelastuksesta, Jeesuksen nimessä. Aamen

www.ingramcontent.com/pod-product-compliance
Lightning Source LLC
Chambersburg PA
CBHW071702040426
42446CB00011B/1875